COLEÇÃO
GRANDES OBRAS
VERMELHO MARINHO

RESSURREIÇÃO

MACHADO DE ASSIS

1ª EDIÇÃO - 2019
RIO DE JANEIRO, RJ

Editor-chefe:
Tomaz Adour

Revisão:
Equipe Vermelho Marinho

Projeto Gráfico:
Editora Estronho (Marcelo Amado)

Arabesco da arte da capa e miolo:
Garry Killian

Texto revisado segundo o novo
Acordo Ortográfico da Língua Portuguesa.

Assis, Machado de
Ressurreição / Machado de Assis
Rio de Janeiro: Vermelho Marinho, 2019.
124 p. 14 x 21cm
ISBN: 978-85-8265-161-2
1. Literatura Brasileira. 2. Clássicos. 3. Título.
CDD 869

EDITORA VERMELHO MARINHO USINA DE LETRAS LTDA
Rio de Janeiro — Departamento Editorial:
Avenida Gilka Machado, 315 — bloco 2 — casa 6
Recreio dos Bandeirantes — Rio de Janeiro — RJ
CEP: 22795-570

www.editoravermelhomarinho.com.br

VERMELHO MARINHO

SUMÁRIO

Advertência da Nova Edição

Este foi o meu primeiro romance, escrito aí vão muitos anos. Dado em nova edição, não lhe altero a composição nem o estilo, apenas troco dois ou três vocábulos, e faço tais ou quais correções de ortografia. Como outros que vieram depois, e alguns contos e novelas de então, pertence à primeira fase da minha vida literária.

M. DE A.

1905.

Advertência da Primeira Edição

Não sei o que deva pensar deste livro; ignoro sobretudo o que pensará dele o leitor. A benevolência com que foi recebido um volume de contos e novelas, que há dois anos publiquei, me animou a escrevê-lo. É um ensaio. Vai despretensiosamente às mãos da crítica e do público, que o tratarão com a justiça que merecer.

A crítica desconfia sempre da modéstia dos prólogos, e tem razão. Geralmente são arrebiques de dama elegante, que se vê ou se crê bonita, e quer assim realçar as graças naturais. Eu fujo e benzo-me três vezes quando encaro alguns desses prefácios contritos e singelos, que trazem os olhos no pó da sua humildade, e o coração nos píncaros da sua ambição. Quem só lhes vê os olhos, e lhes diz verdade que amargue, arrisca-se a descair no conceito do autor, sem embargo da humildade que ele mesmo confessou, e da justiça que pediu.

Ora pois, eu atrevo-me a dizer à boa e sisuda crítica, que este prólogo não se parece com esses prólogos. Venho apresentar-lhe um ensaio em gênero novo para mim, e desejo saber se alguma qualidade me chama para ele, ou se todas me faltam — em cujo caso, como em outro campo já tenho trabalhado com alguma aprovação, a ele volverei cuidados e esforços. O que eu peço à crítica vem a ser — intenção benévola, mas expressão franca e justa. Aplausos, quando os não fundamenta o mérito, afagam certamente o espírito e dão algum verniz de celebridade; mas quem tem vontade de aprender e quer fazer alguma coisa, prefere a lição que melhora ao ruído que lisonjeia.

No extremo verdor dos anos presumimos muito de nós, e nada, ou quase nada, nos parece escabroso ou impossível. Mas o tempo, que é bom mestre, vem diminuir tamanha confiança, deixando-nos apenas a que é indispensável a todo o homem, e dissipando a outra, a confiança pérfida e cega. Com o tempo, adquire a reflexão o seu império, e eu incluo no tempo a condição do estudo, sem o qual o espírito fica em perpétua infância.

Dá-se então o contrário do que era dantes. Quanto mais versamos os modelos, penetramos as leis do gosto e da arte, compreendemos a extensão da responsabilidade, tanto mais se nos acanham as mãos e o espírito, posto que isso mesmo nos esperte a ambição, não já presunçosa, senão refletida. Esta não é talvez a lei dos gênios, a quem a natureza deu o poder quase inconsciente das supremas audácias; mas é, penso eu, a lei das aptidões médias, a regra geral das inteligências mínimas.

Eu cheguei já a esse tempo. Grato às afáveis palavras com que juízes benévolos me têm animado, nem por isso deixo de hesitar, e muito. Cada dia que passa me faz conhecer melhor o agro destas tarefas literárias — nobres e consoladoras, é certo —, mas difíceis quando as perfaz a consciência.

Minha ideia ao escrever este livro foi pôr em ação aquele pensamento de Shakespeare:

Our doubts are traitors,
And make us lose the good we oft might win,
By fearing to attempt.

Não quis fazer romance de costumes; tentei o esboço de uma situação e o contraste de dois caracteres; com esses simples elementos busquei o interesse do livro. A crítica decidirá se a obra corresponde ao intuito, e sobretudo se o operário tem jeito para ela.

É o que lhe peço com o coração nas mãos.

M. A.

1872.

RESSURREIÇÃO

Capítulo 1
NO DIA DE ANO BOM

Naquele dia — já lá vão dez anos! — o Dr. Félix levantou-se tarde, abriu a janela e cumprimentou o sol. O dia estava esplêndido; uma fresca bafagem do mar vinha quebrar um pouco os ardores do estio; algumas raras nuvenzinhas brancas, finas e transparentes se destacavam no azul do céu. Chilreavam na chácara vizinha à casa do doutor algumas aves afeitas à vida semiurbana, semissilvestre que lhes pode oferecer uma chácara nas Laranjeiras. Parecia que toda a natureza colaborava na inauguração do ano. Aqueles para quem a idade já desfez o viço dos primeiros tempos, não se terão esquecido do fervor com que esse dia é saudado na meninice e na adolescência. Tudo nos parece melhor e mais belo, — fruto da nossa ilusão, — e alegres com vermos o ano que desponta, não reparamos que ele é também um passo para a morte.

Teria esta última ideia entrado no espírito de Félix, ao contemplar a magnificência do céu e os esplendores da luz? Certo é que uma nuvem ligeira pareceu toldar-lhe a fronte. Félix embebeu os olhos no horizonte e ficou largo tempo imóvel e absorto, como se interrogasse o futuro ou revolvesse o passado. Depois, fez um gesto de tédio, e parecendo envergonhado de se ter entregue à contemplação interior de alguma quimera, desceu rapidamente à prosa, acendeu um charuto, e esperou tranquilamente a hora do almoço.

Félix entrava então nos seus trinta e seis anos, idade em que muitos já são pais de família, e alguns, homens de Estado. Aquele era apenas um rapaz vadio e desambicioso. A sua vida tinha sido uma singular mistura de elegia e melodrama; passara os primeiros anos da mocidade a suspirar por coisas fugitivas, e na ocasião em que parecia esquecido de Deus e dos homens, caiu-lhe nas mãos uma inesperada herança, que o levantou da pobreza. Só a Providência possui o segredo de não aborrecer com esses lances tão estafados no teatro.

Félix conhecera o trabalho no tempo em que precisava dele para viver; mas desde que alcançou os meios de não pensar no dia seguinte, entregou-se corpo e alma à serenidade do repouso. Mas entenda-se que não era esse repouso aquela existência apática e vegetativa dos ânimos indolentes; era, se assim me posso exprimir, um repouso ativo, composto de toda a espécie de ocupações elegantes e intelectuais que um homem na posição dele podia ter.

Não direi que fosse bonito, na significação mais ampla da palavra; mas tinha as feições corretas, a presença simpática, e reunia à graça natural a apurada elegância com que vestia. A cor do rosto era um tanto pálida, a pele lisa e fina. A fisionomia era plácida e indiferente, mal alumiada por um olhar de ordinário frio, e não poucas vezes morto.

Do seu caráter e espírito melhor se conhecerá lendo estas páginas, e acompanhando o herói por entre as peripécias da singelíssima ação que empreendo narrar. Não se trata aqui de um caráter inteiriço, nem de um espírito lógico e igual a si mesmo; trata-se de um homem complexo, incoerente e caprichoso, em quem se reuniam opostos elementos, qualidades exclusivas e defeitos inconciliáveis.

Duas faces tinha o seu espírito, e conquanto formassem um só rosto, eram todavia diversas entre si, uma natural e espontânea, outra calculada e sistemática. Ambas, porém, se mesclavam de modo que era difícil discriminá-las e defini-las. Naquele homem feito de sinceridade e afetação tudo se confundia e baralhava. Um jornalista do tempo, seu amigo, costumava compará-la ao escudo de Aquiles — mescla de estanho e ouro, — "muito menos sólido", acrescentava ele.

Aquele dia, aurora do ano, escolhera-o o nosso herói para ocaso de seus velhos amores. Não eram velhos; tinham apenas seis meses de idade. E contudo iam acabar sem saudade nem pena, não só porque já lhe pesavam, como também porque Félix lera pouco antes um livro de Henri Murger, em que achara um personagem com o sestro destas catástrofes prematuras. A dama dos seus pensamentos, como diria um poeta, recebia assim um golpe moral e literário.

Havia meia hora já que o doutor saíra da janela, quando lhe apareceu uma visita. Era um homem de quarenta anos, vestido com certo apuro, gesto ao mesmo tempo familiar e grave, estouvado e discreto.

— Entre, Sr. Viana — disse Félix quando o viu aparecer à porta da sala. — Vem almoçar comigo, já sei.

— Esse é um dos três motivos da minha visita — respondeu Viana; — mas afirmo-lhe que é o último.

— Qual é o primeiro?

— O primeiro — disse o recém-chegado —, é dar-lhe o cumprimento de bons anos. Folgo que lhe corra este tão feliz como o passado. O segundo motivo é entregar-lhe uma carta do coronel.

Viana tirou uma cartinha da algibeira e entregou-a ao doutor, que a leu rapidamente.

— Creio que é um convite para o sarau de hoje? — perguntou Viana quando o viu dobrar a carta.

— É; transtorna-me um pouco, porque eu tencionava ir para a Tijuca.

— Não caia nessa — acudiu Viana; — eu era capaz de deixar todas as viagens do mundo só para não perder uma reunião do coronel; é um excelente homem, e dá boas festas. Vai?

Félix hesitou algum tempo.

— Olhe que eu venho incumbido de lhe destruir todas as objeções que fizer — disse Viana.

— Não faço nenhuma. O convite transtorna-me o programa; mas, apesar disso, aceito.

— Ainda bem!

Um moleque veio dar parte de que o almoço estava na mesa. Viana descalçou as luvas e acompanhou o anfitrião.

— Que novidades há? — perguntou Félix sentando-se à mesa.

— Nada que me conste — respondeu Viana, imitando o dono da casa; —o Rio de Janeiro vai a pior.

— Sim?

— É verdade; já não aparece um escândalo. Vivemos em completa abstinência, e chegou o reinado da virtude. Olhe, eu sinto a nostalgia da imoralidade.

Viana era um homem essencialmente pacato com a mania de parecer libertino, mania que lhe resultava da frequência de alguns rapazes. Era casto por princípio e temperamento. Tinha a libertinagem do espírito, não a das ações. Fazia o seu epigrama contra as reputações duvidosas, mas não era capaz de perder nenhuma. E, todavia, teria um secreto prazer se o acusassem de algum delito amoroso, e não defenderia com extremo calor a sua inocência, contradição que parece algum tanto absurda, mas que era natural.

Como Félix não lhe animasse a conversa no terreno em que ele a pôs, Viana entrou a elogiar-lhe os vinhos.

— Onde acha o senhor vinhos tão bons? — perguntou depois de esvaziar um cálice.

— Na minha algibeira.

— Tem razão; o dinheiro compra tudo, inclusive os bons vinhos.

A resposta de Félix foi um sorriso ambíguo, que podia ser benevolente ou malévolo, mas que pareceu não produzir impressão no hóspede. Viana era um parasita consumado, cujo estômago tinha mais capacidade que preconceitos, menos sensibilidade que disposições. Não se suponha, porém, que a pobreza o obrigasse ao ofício; possuía alguma coisa que herdara da mãe, e conservara religiosamente intacto, tendo até então vivido do rendimento de um emprego de que pedira demissão por motivo de dissidência com o seu chefe. Mas estes contrastes entre a fortuna e o caráter não são raros. Viana era um exemplo disso. Nasceu parasita como outros nascem anões. Era parasita por direito divino.

Não me parece provável que houvesse lido Sá de Miranda; todavia, punha em prática aquela máxima de um personagem do poeta: "boa cara, bom barrete e boas palavras, custam pouco e valem muito..."

Chamando-lhe parasita não aludo só à circunstância de exercer a vocação gastronômica nas casas alheias. Viana era também o parasita da consideração e da amizade, o intruso polido e alegre, que, à força de arte e obstinação, conseguia tornar-se aceitável e querido, onde a princípio era recebido com tédio e frieza, um desses homens metediços e dobradiços que vão a toda a parte e conhecem todas as pessoas, "boa cara, bom barrete, boas palavras".

Parecendo-lhe que Félix estaria preocupado, Viana entendeu não dizer palavra antes de achar ocasião oportuna. Veio o café, e o primeiro que rompeu o silêncio foi o doutor. Viana aproveitou habilmente o ensejo para reatar o fio dos louvores, tão asperamente quebrado pelo dono da casa. Não lhe elogiou desta vez os vinhos, mas as qualidades pessoais; afirmou-lhe que ninguém era mais querido na casa do Coronel Morais, e que ele próprio não se recordava de pessoa a quem mais estimasse neste mundo.

— O senhor é tão feliz a este respeito — terminou o hóspede —, que até as pessoas que o não veem há muito, conservam em toda a integridade o afeto que o senhor lhes inspirou. Adivinha de quem lhe falo?

— Não.

— Bem, sabê-lo-á de noite; lá verá em casa do coronel uma pessoa que o admira, e que o não vê há muito. Sejamos francos; é minha irmã Lívia.

— Admira-me isso, porque eu apenas a vi duas vezes.

— Não é possível — insistiu Viana. — Lembra-me que eu mesmo os apresentei um ao outro. Se não me engano foi em dia da Glória, há dois anos...

— Eu descia o outeiro — continuou Félix —, quando os encontrei. Estivemos parados cinco minutos. À noite encontramo-nos em um baile; cumprimentamo-nos apenas e nada mais.

— Só isso?

— Nada mais.

— Nesse caso — concluiu Viana —, cuido que o senhor possui o segredo de fascinar as moças, só com cinco minutos de conversa e um cumprimento de sala. Minha irmã fala muito no senhor; pelo menos depois que veio de Minas...

— Ah! Ela esteve em Minas?

— Foi para lá há perto de dois anos, depois que lhe morreu o marido. Veio há oito dias; sabe o que me propõe?

— Não.

— Uma viagem à Europa.

— E vão?

— Os desejos de Lívia são ordens para mim. Contudo era talvez melhor que eu fosse só, porque uma senhora é sempre obstáculo aos desmandos de um pecador como eu. Não lhe parece?

— É então uma viagem de recreio? — perguntou Félix.

— Ou de romance; Lívia tem esse defeito capital: é romanesca. Traz a cabeça cheia de caraminholas, fruto naturalmente da solidão em que viveu nestes dois anos e dos livros que há de ter lido. Faz pena, porque é boa alma.

— Vejo que tem todas as condições necessárias a um poeta — observou o doutor; — lembra-me que era bonita.

— Oh! A esse respeito a viuvez foi para ela uma renovação. Era bonita quando o senhor a viu; hoje está fascinante. Há ocasiões em que eu sinto ser irmão dela; tenho ímpetos de a adorar de joelhos. Com franqueza, assusta-me.

Leve sorriso encrespou os lábios de Félix, enquanto Viana prosseguia o panegírico da irmã, com um entusiasmo que podia ser sincero e interessado ao mesmo tempo. Ao fim de um quarto de hora levantou-se este para sair.

— Até à noite? — disse, apertando a mão do dono da casa.

— Até à noite.

Félix ficou só.

— Que mulher será essa, perguntou a si mesmo, tão bela que mete medo, tão fantasiosa que causa lástima?

Capítulo 2
LIQUIDAÇÃO DO ANO VELHO

Meia hora depois apeava-se Félix de um tílburi à porta de uma casa no Rocio. Subiu lentamente as escadas; a porta do fundo estava aberta; Félix deu uma volta pelo interior da casa, e foi até à sala, sem que o sentisse uma moça, que estava assentada perto da janela, com o rosto voltado para a rua.

— Cecília! — disse ele.

A moça estremeceu e voltou-se.

— Ah! És tu. Tão tarde!

Félix aproximou-se, deu-lhe um beijo, e tirou-lhe o livro da mão.

— Tarde? — disse ele folheando o livro; — não pôde ser mais cedo; tive visitas em casa.

A moça contentou-se com a resposta; levantou-se e pondo-lhe os braços à roda do pescoço, perguntou:

— Jantas hoje com alguém?

— Janto lá em casa.

— *Lá* em casa? — repetiu ela; — e por que não *cá* em casa?

— Não posso.

— Tens visitas?

— Não.

— Jantas só?

— Janto.

— Preferes isso à minha companhia? — murmurou enfim a moça com voz triste.

— Cecília — respondeu Félix, dando à voz toda a doçura compatível com a rigidez da sua resolução —, há circunstâncias que me obrigam a não jantar cá nem hoje nem nunca.

Cecília empalideceu. Félix procurou tranquilizá-la dizendo que ia explicar-se melhor. Insensível às suas palavras, foi ela sentar-se no sofá e aí permaneceu alguns instantes silenciosa. Félix deu alguns passos na sala, aspirou as flores que tinham sido postas numa jarra, naquele mesmo dia, talvez para recebê-lo melhor; acendeu um charuto, e foi sentar-se em frente de Cecília. A moça fitou nele os olhos úmidos de lágrimas. Depois, como se os lábios tivessem medo de romper uma cratera à chama interior, murmurou estas palavras:

— E por que nunca mais?

— Cecília — disse o doutor, deitando fora o charuto apenas encetado —, eu tenho a infelicidade de não compreender a felicidade. Sou um coração defeituoso, um espírito vesgo, uma alma insípida, incapaz de fidelidade, incapaz de constância. O amor para mim é o idílio de um semestre, um curto episódio sem chamas nem lágrimas. Há seis meses que nos amamos; por que perderás tu o dia em que começa o ano novo, se podes também começar uma vida nova?

Cecília não respondeu; fitava nele os olhos, que, se eram ternos e buliçosos nas horas de alegria, eram naquele momento sombrios e profundos. Félix pegou-lhe na mão. Estava fria

— Não fiques abatida; o que faço agora não é novidade; ouviste-me dizer muita vez que a nossa afeição era um capítulo curto. Rias então de mim; fazias mal, porque era alimentar uma esperança vã.

— Era — interrompeu Cecília com voz trêmula; — reconheço agora que era. Esperava, com efeito, que eu pudesse, com a minha constância, resgatar os erros que me pesavam na consciência. Agarrei-me a ti como a uma tábua de salvação; a tábua não compreendeu que salvaria uma vida e deixa-se levar pela onda que a arrebata das minhas mãos. Enganei-me. Não te faço recriminações; espero que me farás justiça...

— Faço-te toda a justiça — redarguiu ele; — acuso-me eu mesmo de estar abaixo do papel de redentor.

Cecília não prestou atenção ao tom irônico destas palavras, nem sequer as ouviu. Levantou-se, deu alguns passos, encostou-se ao piano e pondo a cabeça entre as mãos, soluçou à vontade. Mas essa explosão foi quase silenciosa e durou pouco.

Meia hora depois despedia-se Félix de Cecília, declarando-lhe que saía dali como um *gentleman,* e que ela receberia os meios necessários para viver até que o esquecesse de todo.

Cecília recusou esse ato de generosidade. Espantou-o imensamente tamanho desinteresse; concluiu que ela teria algum amor em perspectiva.

Saiu.

Na Rua do Ouvidor encontrou o Doutor Meneses, jovem advogado com quem entretinha relações.

— Vem jantar comigo — disse.

— Não jantas com Cecília?

— Acabei o capítulo; Cecília está livre.

— Houve choro?

— O choro pertence ao cerimonial da separação. Era indispensável. Cecília verteu algumas lágrimas, que eu procurei enxugar, prometendo-lhe os meios de viver algum tempo. Recusou; mas eu não lhe aceito a recusa.

— Fizeste mal em separar-te dela; Cecília amava-te.

— Meneses — disse Félix —, eu nunca faço mal quando quebro uma cadeia: liberto-me.

— Talvez tenhas razão...

— Mas vem jantar comigo — continuou Félix, dando-lhe o braço.

— Não posso, vou jantar com minha mãe.

— Ah!

— São apenas duas horas; passearei contigo até às três. Ou vais para casa?

— Não.

Deram o braço e desceram a rua.

— Se não é indiscrição, Félix — disse Meneses ao cabo de alguns minutos —, houve algum arrufo sério entre vocês?

— Não.

— Desconfiavas dela?

— Também não.

— Nem te arrufaste, nem tinhas desconfiança. Sei que ela gostava de ti, e tu mesmo me afirmaste que não era nenhuma desperdiçada. Havia portanto um milheiro de razões para que vocês prosseguissem neste romance. Dar-se-á que tenhas em vista algum casamento?

Félix riu-se e levantou os ombros.

— Então, não compreendo — concluiu Meneses.

— Eu te digo — respondeu Félix; — os meus amores são todos semestrais; duram mais que as rosas, duram duas estações. Para o meu coração, um ano é a eternidade. Não há ternura que vá além de seis meses; ao cabo desse tempo, o amor prepara as malas e deixa o coração como um viajante deixa o hotel; entra depois o aborrecimento — mau hóspede.

Menezes ouviu as palavras de Félix com os olhos postos no chão; sorriu ligeiramente quando ele acabou.

— Queres ouvir uma coisa? — perguntou.

— Dize.

— O teu cinismo parece-me hipocrisia

— Não é hipocrisia nem cinismo; é temperamento.

— Não creio.

— Por quê?

Meneses não respondeu.

— Quase me arrependo de ser teu amigo — disse ele depois de algum tempo.

— És meu amigo? — perguntou Félix com ar de mofa.

Meneses parou e encarou o companheiro.

— Duvidas?

— Não duvido; mas ignorava isso até agora; sabes que as nossas relações datam de pouco tempo.

— Que importa o tempo? Há amigos de oito dias e indiferentes de oito anos.

— Há.

A conversa tomou outra direção. Meneses ainda tentou falar da moça, mas Félix não lhe prestou atenção. Às 3 horas separaram-se, Félix para as Laranjeiras, Meneses para o Rocio.

Meneses era uma boa alma, compassiva e generosa. Tinha em flor todas as ilusões da juventude; era entusiasta e sincero; estava totalmente limpo da menor eiva de cálculo. Podia ser que com os anos perdesse algumas das suas qualidades nativas, que nem todos resistem a estes dois terríveis dissolventes: os lances da fortuna e o atrito dos caracteres. Mas naquele tempo ainda não era assim.

A situação de Cecília tinha-o comovido. Resolveu ir ter com ela.

Cecília ficara resignada, mas triste. Quando Meneses entrou na sala, estava ela ao piano, tinha apoiada a cabeça em uma das mãos, e corria os dedos pelo teclado. Contou-lhe tudo o que se passara; confessou que não esperava a súbita mudança de Félix; que a sua dor fora imensa, e que daria tudo para fazer reviver o recente passado; mas que não nutria nenhuma esperança de reconciliação.

— E se eu tentar fazer alguma coisa?

— Tentará em vão — respondeu ela. — Além de que, eu não tenho nenhum direito de prolongar uma felicidade incompatível com a vontade dele. Errei, confiando demais; errarei se tiver ainda uma esperança...

— Quem sabe, Cecília? — disse o moço, pondo-lhe a mão no ombro; — é possível que Félix tenha cedido a um capricho. Virá a arrepender-se depois, mas o seu orgulho não lhe deixará dar o primeiro passo. Nesse caso, uma pessoa influente pode convencê-lo de que a primeira glória é a reparação dos erros.

Cecília levantou os ombros; foi a sua única resposta.

Meneses perguntou se haveria alguma razão de ciúmes.

— Posso jurar-lhe que durante todo este tempo pertenci-lhe exclusivamente.

O juramento de Cecília não devia valer muito aos olhos de um homem que conhecesse bem todos os recursos de uma mulher naquelas condições. Mas o nosso Meneses era ingênuo em coisas tais. Saiu de lá cheio de piedade. Nessa mesma tarde mandou uma carta às Laranjeiras, justamente na ocasião em que Félix acabava de ler outra carta de Cecília. A carta da moça era tranquila e até certo ponto nobre. Não lhe fazia nenhuma recriminação, nem implorava nenhum favor. Defendia-se apenas, retirando de si a responsabilidade da separação.

A carta de Meneses era cavalheiresca: descobria o estado de alma de Cecília e não hesitava em chamar ingrato ao prófugo dardânio. Félix sorriu lendo ambas as missivas; depois atirou-as a uma cesta e nunca mais as viu.

Capítulo 3
AO SOM DA VALSA

A casa do coronel podia conter o triplo das pessoas convidadas para o sarau daquela noite; mas o coronel preferia convidar apenas as pessoas mais íntimas e familiares. Era homem pouco cerimonioso, gostava sobretudo da intimidade.

Quando Félix entrou, dançava-se uma quadrilha. O coronel foi ter com ele e levou-o para onde estava a mulher, que já o esperava com ansiedade, pela razão, dizia ela, de que era um dos poucos rapazes que ainda conversavam com velhas, estando entre moças. Félix sentou-se ao pé de D. Matilde. Estava então de bom humor e conversou alegremente até que a música parou.

A mulher do coronel era o tipo da mãe de família. Tinha quarenta anos, e ainda conservava na fronte, embora secas, as rosas da mocidade. Era uma mistura de austeridade e meiguice, de extrema bondade e extrema rigidez. Gostava muito de conversar e rir, e tinha a particularidade de amar a discussão, exceto em dois pontos que para ela estavam acima das controvérsias humanas: a religião e o marido. A sua melhor esperança, afirmava, seria morrer nos braços de ambos. Dizia-lhe Félix às vezes que não era acertado julgar pelas aparências, e que o coronel, excelente marido em reputação, fora na realidade pecador impenitente. Ria-se a boa senhora destes inúteis esforços para abalar a boa fama do esposo. Reinava uma santa paz naquele casal, que soubera substituir os fogos da paixão pela reciprocidade da confiança e da estima.

A conversa com a dona da casa roubou algum tempo às moças, segundo a expressão do coronel. Era necessário que Félix se dividisse com as senhoras que ainda tinham amor aos exercícios coreográficos. Recusou, pretextando a presença de D. Matilde.

— Oh! Por mim não! — respondeu a boa senhora; — o direito das velhas tem um limite no direito das moças. Vá, doutor, e mais tarde volte cá, se o não agarrarem por aí...

Valsava-se. Félix levantou-se e foi buscar um par. Não tendo preferência por nenhuma senhora, lembrou-lhe ir pedir a filha do coronel. Atravessava a sala para ir buscá-la defronte, quando foi abalroado por um par valsante. Conquanto fosse navegante prático daqueles mares, não pôde evitar o turbilhão. Susteve o equilíbrio com rara felicidade e foi procurar melhor caminho, costeando a parede. Nesse momento os valsantes pararam perto dele. Pareceu-lhe reconhecer Lívia, irmã de Viana. Com as faces avermelhadas e o seio ofegante, a moça pousava molemente o braço no braço do cavalheiro. Murmurou algumas palavras, que Félix não pôde ouvir, e depois de lançar um olhar em roda de si, continuou a valsar.

Durou isto minutos.

Félix, apenas se achou livre, foi buscar a filha do coronel, interessante criança de dezessete anos, figura delgada, rosto angélico, formas graciosas, toda languidez e eflúvios. Era uma dessas mulheres que fazem o mesmo efeito que um vaso de porcelana fina: toca-se-lhes com medo de as quebrar. Raquel era o seu nome; tinha grandes pretensões a mulher, que lhe não ficavam mal naquela idade de transição; mas o que Félix lhe achava melhor era justamente o seu aspecto de criança, mal disfarçado pela formação do seio. Como caráter, fazia-lhe a mãe grandes elogios, e eram fundados, posto fossem de mãe.

Raquel aceitou o convite. Félix passou-lhe o braço à roda da cintura, e ela estremeceu da cabeça aos pés; depois entregou-se-lhe toda, com aquele abandono que a valsa prescreve ou permite, e voaram pela sala no turbilhão geral. A agitação coloriu um pouco as faces da moça, comumente descoradas. Quando pararam estava ofegante.

— Sentemo-nos — disse Félix.

— Não; passeemos um pouco. Por que não aparece cá?

— Receio não os encontrar; estão sempre fora...

— Não; há dois meses estamos na cidade. Mamãe diz que já não está para estas viagens contínuas, e eu acho que tem razão. Também me cansam a mim; o mais influído é papai.

— Não gosta da roça?

— Eu não tenho preferências; gosto tanto da roça como da cidade; contudo... dou-me melhor cá. Está olhando para aquela moça? Não a acha bonita?

— Quem? Eu não olhava para ninguém.

— Pois fazia mal; porque valia a pena olhar: Lívia é a rainha da noite.

Conquanto Raquel, na opinião de Félix, fosse uma menina, não deixou este de estranhar que tão facilmente cedesse a realeza da noite a outra mulher; mas, por outro lado, refletia que esta abdicação bem podia ser uma afetação de modéstia. Contudo, o límpido olhar da moça revelava a mais absoluta ingenuidade. Fez-lhe um cumprimento à beleza dela, e entrou a admirar de longe a beleza de Lívia.

Lívia tinha efetivamente um ar de rainha, uma natural majestade, que não era rigidez convencional e afetada, mas uma grandeza involuntária e sua. A impressão de Félix foi boa e má; achou-lhe uma beleza deslumbrante, mas pareceu-lhe ver através daquele rosto senhoril uma alma altiva e desdenhosa.

— Será a rainha da noite — disse ele, voltando-se para Raquel; — mas não serei eu quem lhe faça a corte.

— Por quê?

— Parece-me orgulhosa; há de tratar a todos como vassalos seus. Não vê com que desdém ouve as palavras do cavalheiro que lhe dá o braço?

O cavalheiro era o mesmo rapaz que valsara com a viúva, um Dr. Batista, descendente em linha reta do Leonardo de Camões, "manhoso e namorado".

— Oh! Isso não é razão — disse Raquel; — Lívia não gosta dele.

Pouco tempo depois foi servida a ceia. Félix dirigiu-se para uma sala interior, onde o coronel tinha os livros, e que servia temporariamente de refúgio aos fumantes. Félix acendeu um charuto e começou a correr os olhos pelos livros.

Ali foram ter alguns rapazes que falaram entusiasticamente da irmã de Viana. Era o objeto de todas as atenções da noite. E foi no meio das apologias daqueles cortesãos da beleza, que ela apareceu pelo braço do coronel, atravessando a sala, para ir ter ao toucador.

— Doutor! — disse Viana, aproximando-se de Félix. E voltando-se para a irmã: — O Dr. Félix quer falar-te.

— Ah! — disse a moça, voltando-se para o médico.

Félix aproximou-se.

— Não sei se se lembra de mim? — perguntou ele.

— O Dr. Félix? Perfeitamente: foi-me apresentado há muito tempo, mas eu tenho boa memória. De mais, só se esquecem as pessoas vulgares.

Félix agradeceu-lhe o cumprimento. Ela estendeu-lhe a ponta dos dedos elegantemente apertados na pelica da luva. Trocaram algumas palavras mais. Daí a pouco, tendo-se ouvido o prelúdio de uma quadrilha, toda a gente se retirou. Ficaram na sala Félix e Moreirinha.

Moreirinha tinha cerca de trinta anos, um bigode espesso, uma aparência agradável e um espírito frívolo. Confessou que estava impressionado pela viúva, mas que eram muitos os seus rivais.

— Mas não são temíveis esses rivais? — perguntou Félix.

— Não; um apenas.

— Qual?

— O Batista.

— É o que está nas graças?

— Não sei; mas é o mais valente de todos, e o que dispõe de mais tempo, posto seja casado.

— Casado?

— Com um anjo.

Félix procurou reanimar o pretendente, pondo em relevo todas as suas qualidades merecedoras de admiração. Inventou-lhe algumas que não tinha, reconheceu-lhe outras que possuía realmente, inda que de um merecimento relativo ou duvidoso. Não se podia negar a influência do Moreirinha entre senhoras. Era ele galanteador por índole e por sistema; tinha, além disso (coisa importante), a plena convicção de que a sua conversa era preferida pelas damas. Ninguém melhor do que ele sabia lisonjear o amor-próprio feminino; ninguém prestava com mais alma esses leves serviços de sociedade, que constituem muita vez toda a reputação de um homem. Dirigia os piqueniques, comprava o romance ou a música da moda, encomendava os camarotes para as representações de celebridades, levava os pianistas aos saraus, tudo isso com um modo tão serviçal que era de se ficar morrendo por ele.

Félix voltou à sala quando se dançavam os últimos passos da quadrilha. Lívia estava esplêndida de graça e elegância. Nenhuma afetação nem acanhamento; seus movimentos eram a um tempo desembaraçados e modestos. O médico procurou ver se o doutor pretendente estaria nas graças da moça; mas ele dançava do mesmo lado em que ela estava; os olhares não podiam encontrar-se. Um sobrinho do coronel indicou-lhe a mulher do Batista; era uma moça de vinte anos, loura, assaz bonita e digna de inspirar amores. Por que motivo, o marido, casado há pouco, queria ir queimar a um templo estranho os perfumes que a esposa merecia?

Algum tempo depois de finda a quadrilha, dispôs-se Félix a deixar a casa do coronel, que lhe interceptou a passagem em nome, disse ele, da mulher e das moças. Félix respondeu-lhe que estava incomodado.

— Pretextos de peraltice — disse o velho, rindo alegremente; — não o deixo sair nem que me caia morto na sala. Faz favor, minha senhora?

Estas últimas palavras eram dirigidas à irmã de Viana, que ia atravessando a saleta onde se achavam os dois.

— Que me quer, coronel? — disse ela parando.

— Um favor apenas. Retenha-me este senhor, que se quer ir embora. Não tenho forças para tanto. Veja se o consegue. Comece dando-lhe uma quadrilha.

— Dou-lhe a próxima, que é a minha última.

— Também se vai embora?

— Também.

— É uma debandada geral. Vou mandar trancar as portas.

O coronel afastou-se depois desta ameaça. Félix deu o braço a Lívia e foram sentar-se num sofá que ficava próximo.

— Meu irmão é muito seu amigo — disse Lívia acomodando as ondas de seda do vestido. — Fala-me muito no senhor.

— É muito meu amigo — repetiu Félix, fazendo interiormente uma careta.

— Não admira — observou ela; — o senhor merece ser estimado.

— Como sabe disso?

— Todos o afirmam.

— Nem todos serão sinceros — observou Félix.

Félix não se iludia a respeito da estima de Viana. Sem negar que o irmão da viúva lhe tivesse alguma amizade, dava-lhe todavia limitado valor. Lívia asseverava, entretanto, que o irmão falava dele com grande entusiasmo, e até certo ponto o entusiasmo era sincero. Félix tinha sobre Viana certa ascendência moral; além disso, era um homem franco e hospedeiro, rude mas serviçal.

Dentro de pouco tempo a conversa entre o médico e a viúva foi perdendo a frieza cerimoniosa do começo. Passaram a falar do baile, e Lívia manifestou com expansiva alegria as suas excelentes impressões, sobretudo porque, dizia ela, vinha da roça, onde tivera uma vida reclusa e monástica. Falaram naturalmente da viagem que ela pretendia fazer. Confessou ela que era um desejo antigo e várias vezes diferido.

— Não pense — acrescentou Lívia —, que me seduzem unicamente os esplendores de Paris, ou a elegância da vida europeia. Eu tenho outros desejos e ambições. Quero conhecer a Itália e a Alemanha, lembrar-me da nossa Guanabara junto às ribas do Arno ou do Reno. Nunca teve iguais desejos?

— Estimaria poder fazê-lo, se me suprimissem os incômodos da viagem; mas com os meus hábitos sedentários dificilmente me resolveria a isso. Eu participo da natureza da planta; fico onde nasci. V. Ex.a será como as andorinhas...

— E sou — disse ela reclinando-se molemente no sofá; —andorinha curiosa de ver o que há além do horizonte. Vale a pena comprar o prazer de uma hora por alguns dias de enfado.

— Não vale — respondeu Félix, sorrindo; — esgota-se depressa a sensação daquele momento rápido; a imaginação ainda pode conservar uma leve lembrança, até que tudo se desvanece no crepúsculo do tempo. Olhe, os meus dois polos estão nas Laranjeiras e na Tijuca; nunca passei destes dois extremos do meu universo. Confesso que é monótono, mas eu acho felicidade nesta mesma monotonia.

Lívia entrou a combater isto que lhe parecia um insigne paradoxo, mas sem que nenhuma de suas palavras mostrasse a mais leve sombra de pedantismo. Tinha uma maneira natural e simples de dizer as coisas menos vulgares deste mundo. Sabia exprimir as suas ideias em frase elegante, mas despretensiosa.

O prelúdio de uma valsa chamou a atenção dos dois para o baile. Félix convidou-a para valsar; ela desculpou-se, dizendo que se achava cansada.

— Vi-a valsar quando entrei — disse Félix —, e afirmo que poucas pessoas valsarão tão bem. Creia na sinceridade do elogio, porque eu não os faço nunca.

A moça aceitou este cumprimento com ingênua satisfação.

— Gosto muito da valsa — disse ela. — Não admira; é a primeira dança do mundo.

— Pelo menos é a única dança em que há poesia — acrescentou Félix. — A quadrilha tem certa rigidez geométrica; a valsa tem todo o abandono da imaginação.

— Justamente! — exclamou Lívia, como se Félix lhe tivesse reunido em poucas palavras todas as suas ideias a respeito daquele assunto.

— Demais — continuou o doutor, animado pelo entusiasmo da viúva —, a quadrilha francesa é a negação da dança, como o vestuário moderno é a negação da graça, e ambos são filhos deste século, que é a negação de tudo.

— Oh! — murmurou ela, sorrindo.

E o protesto não foi só com os lábios, foi também com os olhos — uns olhos aveludados e brilhantes, feitos para os desmaios de amor. Félix começou a sentir-se bem ao lado daquela moça, e esquecendo de boa vontade a festa em que só aparentemente figurava, ali se demorou longo tempo com ela, alheio aos comentários estranhos, todo entregue ao capricho do seu próprio pensamento.

Todavia, escapou-lhe, no meio da conversa, não sei que frase de melancólico ceticismo que fez estremecer a moça. Lívia olhou para ele e depois para o chão, parecendo tão absorta que nem deu pelo silêncio que se seguiu ao seu gesto e às palavras de Félix. Este aproveitou a circunstância para examiná-la melhor.

Lívia representava ter vinte e quatro anos. Era extremamente formosa; mas o que lhe realçava a beleza era um sentimento de modesta consciência que ela tinha de suas graças, uma coisa semelhante à tranquilidade da força. Nenhum gesto seu revelava o amor-próprio geralmente inseparável das mulheres bonitas. Sabia que era formosa, mas tinha para si que, se a natureza se havia esmerado com ela, era por uma razão de harmonia e de ordem nas coisas terrestres. Afeiar as suas graças, parecia-lhe um crime; tirar orgulho delas, frivolidade.

Félix examinou-lhe detidamente a cabeça e o rosto, modelo de graça antiga. A tez, levemente amorenada, tinha aquele macio que os olhos percebem antes do contato das mãos. Na testa lisa e larga, parecia que nunca se formara a ruga da reflexão; não obstante, quem examinasse naquele momento o rosto da moça veria que ela não era estranha às lutas interiores do pensamento: os olhos, que eram vivos, tinham instantes de languidez; naquela ocasião não eram vivos nem lânguidos; estavam parados.

Sentia-se que ela olhava com o espírito.

Félix contemplou longo tempo aquele rosto pensativo e grave, e involuntariamente foram-lhe os olhos descendo ao resto da figura. O corpinho apertado desenhava naturalmente os contornos delicados e graciosos do busto. Via-se ondular ligeiramente o seio túrgido, comprimido pelo cetim; o braço esquerdo, atirado molemente no regaço, destacava-se pela alvura sobre a cor sombria do vestido, como um fragmento de estátua sobre o musgo de uma ruína. Félix recompôs na imaginação a estátua toda e estremeceu. Lívia acordou da espécie de letargo em que estava. Como também estremecesse, caiu-lhe o leque da mão. Félix apressou-se a apanhá-lo.

— Obrigado — murmurou ela distraída.

Depois, parecendo envergonhada daquele longo silêncio, pretextou um incômodo nervoso; levantaram-se e dirigiram-se ao salão. Ali, no meio da conversa e do bulício, readquiriu ela o império de si mesma, e conversaram largamente com volubilidade e galanteria. A viúva era um pouco sarcástica, mas daquele sarcasmo benévolo e anódino, que sabe misturar espinhos com rosas. Pela primeira vez Félix a conhecia, porquanto apenas a tinha visto duas vezes, e não basta ver uma mulher para a conhecer, é preciso ouvi-la também; ainda que muitas vezes basta ouvi-la para a não conhecer jamais.

Lívia demorou-se em casa do coronel mais tempo do que prometera, milagre devido ao doutor, dizia Viana. O certo é que o resto da noite quase não existiram para ninguém mais.

Não passou isto sem que o notassem alguns lábios despeitados. Um cavalheiro disse a uma senhora:

— Não lhe parece que D. Lívia tem um gosto deplorável?

A senhora arregaçou levemente a ponta esquerda do lábio superior, e respondeu:

— O Félix não o tem melhor.

A viúva saiu no meio de um geral murmúrio de curiosidade. Félix não se demorou muito tempo mais; meteu-se no carro e foi para as Laranjeiras.

Uma hora depois, o baile, a viúva, a dança, tudo se lhe desvaneceu do espírito, graças a um sono tranquilo e profundo, como essas nuvens douradas do ocaso que a noite absorve ou dissipa.

Capítulo 4
PRELÚDIO

No dia seguinte partiu Félix para a Tijuca, onde tinha uma casa de recreio e refúgio; regressou duas semanas depois. Durante esse tempo nada soube do que ocorrera na cidade: não leu jornais nem abriu cartas de amigos.

Alguma coisa, entretanto, havia ocorrido: a primeira notícia com que o saudaram os amigos, apenas ele chegou à cidade, foi que Cecília conquistara o coração de Moreirinha.

O sucessor de Félix, pouco depois que este chegou, não deixou de lhe ir participar a sua boa fortuna, não sei se por fatuidade, se por despicar a dama.

— Dou-lhe os meus parabéns — respondeu Félix; —conquistou uma rapariga sossegada, carinhosa, capaz de o compreender...

— Tanto melhor! — acudiu o rapaz. — O que me faltava era isso mesmo: uma mulher que me compreendesse. Cecília não é positivamente uma alma perdida; não está na linha dessas outras mulheres com quem tenho despendido o meu dinheiro sem colher nada mais que alguns tardios remorsos. É uma moça de bons sentimentos, conserva certa dignidade no vício, tem uma alma nobre, elevada...

Este panegírico durou alguns minutos mais. Dentro de tão pouco tempo, descobrira-lhe Moreirinha qualidades desconhecidas para o antecessor. Seria mais néscio ou mais perspicaz? Cecília não era hipócrita quando dizia gostar de um homem; qualquer que fosse a natureza dos seus afetos, ela os sentia sinceramente; mas era raro que sobrevivessem vinte e quatro horas à causa que os inspirara. Não se lhe desmentira a constância durante os seis meses de intimidade com Félix; mas se ela era amante para querer a um só homem, era independente para o esquecer depressa. Tinha uma fidelidade filha do costume; a sua máxima era não esquecer o amante presente, não recordar o amante passado, nem se preocupar com o amante futuro.

Moreirinha era o amante presente; podia contar com a fidelidade da rapariga, ao menos com as suas boas intenções.

Quando Meneses soube deste desenlace, ficou atônito. Julgou a princípio que era apenas uma afobação de Moreirinha; mas logo verificou que não. Foi ter com o médico.

— Meu amigo — disse —, peço-te que me desculpes a carta ridícula que te escrevi.

— Que carta?

— A respeito de Cecília. Nunca pensei que fossem fingidas aquelas lágrimas que me entraram pelo coração. Aprendi a não crer tão superficialmente.

— Não aprendeste coisa nenhuma — retorquiu Félix, encolhendo os ombros; — não é em terra que se fazem os marinheiros, mas no oceano, encarando a tempestade.

O episódio dos amores de Cecília foi assunto de conversa no círculo dos rapazes que aqueles frequentavam. Nem tardou que passasse além. No fim de algum tempo, pouca gente ignorava que a moreninha que passeava todas as tardes em carro descoberto pela Praia de Botafogo era o altar em que o Moreirinha fazia os seus sacrifícios diários e pecuniários. Félix admirou-se ao princípio desta mania de passear tão contrária aos hábitos preguiçosos de Cecília; mas atinou logo com a chave do enigma. Moreirinha não compreendia o que era ser feliz sem publicidade. Para ele, a ilha de Citera não podia ser jamais a ilha de Robinson.

Entretanto, passara um mês desde o sarau do conselheiro. Félix não se havia aproveitado do convite que a viúva lhe fizera, nem cedido às instâncias de Viana. Encontrou-os, porém, uma noite no Ginásio. Estava ele nas cadeiras, quando os viu num camarote da 2ª ordem. No fim do 2° ato Félix subiu ao camarote.

Teve excelente recepção, posto que a viúva, sem deixar de ser cortês e graciosa, parecia um pouco reservada e preocupada. Não falava com a mesma volubilidade da noite do baile. Esquecia-se às vezes de si e dos outros. Duas vezes lhe aconteceu dar uma resposta sem pergunta e deixar uma pergunta sem resposta.

A conversa, portanto, não foi muito animada. Felizmente Viana encarregou-se de preencher os intervalos com a sinfonia das suas reflexões.

Quando se levantou o pano para o terceiro ato, Félix quis sair, mas tanto a viúva como o irmão pediram lhe que ficasse. Aceitou o convite e ficou. Do que houve em cena durante esse ato pode-se afirmar que Félix nada soube absolutamente. O ato era curto, e Félix empregou todo o tempo em observar a moça, que, molemente reclinada na cadeira, acompanhava distraída o diálogo dos atores.

— Em que estará pensando esta moça? dizia Félix consigo. Evidentemente, não lhe importam os suspiros do galã, nem as facécias do gracioso. Olha, mas não vê a cena. Estará à espera de algum namorado remisso? Mas quem é então esse lorpa que deixa entristecer uns olhos tão bonitos?

A ingênua da peça, que desde o ato anterior se sabia estar apaixonada pelo galã, como é de jeito no teatro e no mundo, entrou precipitadamente em cena e lançou-se nos braços do amado. Algumas palmas do público premiaram essa resolução inesperada e enérgica. Então começou entre a dama e o galã um diálogo de sentimento e paixão, um duelo de suspiros, um protestar de fidelidade e constância, que a plateia ouviu com demonstrações de entusiasmo.

— Ama, não há dúvida, continuou Félix a dizer entre si; basta ver como lhe brilham os olhos a cada frase do diálogo. Agradam-lhe os protestos do namorado e as lágrimas da dama. Creio que sorri; é de aprovação. Oh! Como está divina!

Enfim, caiu o pano; e a viúva, que já no fim do ato, parecera ter voltado à sua anterior preocupação, levantou-se, dizendo que se ia embora.

Viana pediu-lhe para ficar até o fim da peça; ela insistiu, e era forçoso ceder. Félix acompanhou-os até o carro.

— Até quando? — perguntou Lívia, aceitando a mão que Félix lhe oferecia.

— Até breve.

Seria acaso ou ilusão? Félix sentiu uma forte pressão dos dedos da moça, enquanto esta subia rapidamente para o carro, e ia responder com um aperto ainda mais forte; mas era tarde; a moça já estava sentada, e Viana punha o pé no estribo para subir.

Ilusão era decerto; ilusão ou casualidade. Mas o médico não o percebeu logo, e foi um primeiro erro na maneira de julgar a viúva.

Poucos dias depois do encontro no teatro, dirigiu-se Félix a Catumbi onde eles moravam. Não os achou. Quando Lívia voltou para casa, soube da visita de Félix pelo cartão que a mucama lhe deu. Tão apressadamente descalçou as luvas que as rasgou; e como o irmão fizesse um reparo a este respeito, a moça respondeu com azedume. Viana estava acostumado às asperezas da irmã, levantou os ombros e saiu.

Félix encontrou-a dois dias depois na Rua do Ouvidor, fazendo compras para a viagem.

— Se adivinhasse a sua visita, não teria saído de casa — disse a viúva.

Félix inclinou-se.

— Por outro lado, estimo ter estado fora; morando eu tão longe, não teria o prazer de recebê-lo segunda vez, e nesse caso antes nada.

— O tílburi encurta as distâncias — observou Félix; —procurarei desempenhar-me da obrigação em que estou.

— Da obrigação já se desempenhou; agora...

— Perdão; o seu cumprimento constitui uma obrigação nova.

Despediram-se.

Meneses, que estava na calçada oposta, durante as poucas palavras trocadas entre Félix e a viúva, atravessou a rua e veio ter com o amigo.

— Quem é aquela moça?

— É a irmã do Viana.

— Bravo! É lindíssima.

— É realmente bonita, o que lhe merece a admiração geral. Vê como todos lhe estão com os olhos em cima...

— Se não há indiscrição — disse Meneses depois de a ver entrar em uma loja —, queimas os teus perfumes naquele altar?

— Não. Para quê?

— Talvez algum casamento incubado...

— Casar?... — disse Félix rindo. — A pergunta é tão original que merece um sorvete. Vem ao Carceler.

No Carceler contou-lhe Meneses que andava incomodado e triste. Vivia ele maritalmente com uma pérola que pouco antes encontrara no lodo. Na véspera descobrira em casa vestígios de outro amador de pedras finas. Estava certo da infidelidade da amante; pedia-lhe conselho.

— Não te dou conselho nenhum — respondeu o médico; — resolve tu mesmo.

— Mas, se eu pudesse resolver alguma coisa no estado em que estou, não viria falar a um amigo...

— Lisonjeia-me a escolha; mas não passa disso. Imita-me, se podes; mas não me peças reflexões.

— Mas, no meu caso, que farias tu?

— Coisa nenhuma; pegava no chapéu e saía.

— E se o não pudesses fazer sem dor?

— Hipótese absurda.

— Para ti.

— Naturalmente.

Houve uma pausa.

— Dou-te enfim um conselho — disse Félix.

Meneses levantou os olhos com ansiedade.

— Qualquer que seja a resolução que tomares — continuou Félix —, não recues um passo.

— Onde acharei esta resolução?

— Aqui — disse Félix pondo-lhe o dedo na testa.

— Oh! Não! — suspirou Meneses; — a cabeça nada tem com isso; todo o mal está no coração.

— Recorre à cirurgia: corta o mal pela raiz.

— Como?

— Suprime o coração. 20 - 20

Capítulo 5
FICO

Dois dias depois, estando Félix a vestir-se para ir a Catumbi, entrou-lhe Meneses por casa. Vinha pálido e abatido, olhos vermelhos, passo trêmulo. Não se sentou, deixou-se cair numa cadeira.

— Que é isso? — perguntou Félix.

— Está tudo acabado — respondeu ele —, romperam-se os vínculos fatais. Custou-me muito, mas era necessário; foi agora há pouco; corri para cá; precisava de alguém com quem desabafasse. Isto é ridículo, bem sei; mas que queres? Eu sofro... tenho um coração miserável, e deixo-me levar por ele...

Félix pareceu condoer-se da situação do rapaz, e disse-lhe algumas palavras de animação, que ele ouviu com reconhecimento.

— Eu já desconfiava — disse Meneses —, de que era traído; só tive a certeza ontem. O que mais me dói em tudo isso — continuou ele depois de alguns instantes de silêncio —, é que, para servir ao homem que me traiu, desfazia-me eu em obséquios, e até, confesso-te aqui, era seu credor.

— É por isso que eu não empresto dinheiro a ninguém — respondeu Félix, penteando as suíças.

— Mas quem pode adivinhar o mal, quando nos apresentam uma fisionomia risonha? Eu confiava em ambos.

Félix encolheu os ombros.

— Toma um charuto — disse.

— Não quero fumar.

— Fuma; eu já observei que o fumo impede as lágrimas, e ao mesmo tempo leva ao cérebro uma espécie de nevoeiro salutar.

— Vais sair? — perguntou Meneses, vendo que o outro punha o chapéu na cabeça.

— Vou à casa do Viana. Queres vir?

— Não posso.

— Devias vir comigo; apresentava-te à irmã dele, e passávamos algumas horas em companhia amável. Esquecerias depressa as tuas penas.

Meneses recusou; Félix levou-o no carro até à Rua do Lavradio, onde ele morava.

Em caminho conversaram dos seus extintos amores. Meneses jurava que era a última aventura a que expunha o seu coração; achava-se curado de uma vez.

— Não afirmes nada, Meneses; podes errar. Sabes o que te falta? Têmpera. Amanhã, entre duas lágrimas, aparece-te um raio de sol; e eis-te de novo namorado, confiado e arriscado.

— Oh! Não! — protestou Meneses.

— Quem dera que não! Mas eu estou a ler no teu rosto que a única maneira de te consolar deste naufrágio é dar-te outro navio. Só muito tarde te convencerás de que viver não é obedecer às paixões, mas aborrecê-las ou sufocá-las. Os maricas, como tu, choram; os homens, esses ou não sentem ou abafam o que sentem. Isto não tem réplica, meu... amigo, diria eu, se me não lembrasse do teu afortunado rival, que é positivamente um mariola. Vem à casa do Viana; hás de gostar da Lívia; parece-se contigo.

— Não posso — respondeu Meneses, que só ouvira as últimas palavras de Félix.

— Mas hás de ir depois?

— Sim, depois.

— E se te apaixonas por ela?

Meneses sorriu tristemente; o carro parou; despediram-se um do outro, e Félix seguiu para Catumbi.

Lívia estava só em casa. Fora convidada a um jantar, mas respondeu pretextando um incômodo que não tinha. O irmão encarregou-se de ir representá-la.

— Tinha o pressentimento — disse ela depois de referir estas coisas ao doutor —, tinha o pressentimento de que o senhor vinha cá hoje, e não desejava que lhe acontecesse a mesma coisa que da primeira vez.

— E acredita em pressentimentos? — perguntou Félix.

— Não os explico, mas acredito neles.

Lívia parecia mais bela que das outras vezes. Não só a luz natural dizia melhor com a sua tez, como também a simplicidade do vestuário era para ela um realce. Félix não dissimulou a impressão que lhe causava aquele novo aspecto da moça. Lívia, que, como toda a mulher bela, e posto não fosse vaidosa, sabia mirar-se na fisionomia dos outros, não deixou de perceber a impressão do doutor.

A cena da portinhola do carro não havia saído do espírito de Félix, que se convencera de duas coisas: primeiro, que a viúva gostava dele; depois, que era fácil triunfar da viúva. As aparências davam fundamento à opinião de que a moça o amava. Félix aproveitou a situação e dispôs-se a tirar dela todo o proveito possível. Pouco se demorou, entretanto, naquele dia. Quando anunciou que se ia embora, pediu-lhe a viúva que não esquecesse a casa.

— Aproveitarei o tempo — observou Félix —, enquanto não embarcam para a Europa. Seu irmão diz-me que a viagem é breve.

— Se não houver transtorno. Em todo o caso, venha, e não faça visitas de médico.

— Eu fui médico; fiquei com esse costume — respondeu Félix sorrindo.

— Já não é médico?

— Do corpo, não.

— Mas da alma?

— Talvez. Deixei agora mesmo um doente da alma, que eu desejaria apresentar-lhe, porque estes ares dão saúde, creio eu.

— De que sofre o seu doente?

Félix sorriu-se.

— Vítima de uma inconstância, moléstia vulgar. Está no período agudo. É um pobre rapaz, inocente e singelo, que vai buscar as regras da vida nos compêndios da imaginação. Maus livros, não lhe parece?

Lívia não respondeu; estava embebida a ouvi-lo.

— Meneses não conhece outros — continuou Félix. — Parece filho daquele astrólogo antigo que, estando a contemplar os astros, caiu dentro de um poço. Eu sou da opinião da velha, que apostrofou o astrólogo: “Se tu não vês o que está a teus pés, por que indagas do que está acima da tua cabeça?»

— O astrólogo podia responder — observou a viúva —, que os olhos foram feitos para contemplar os astros.

— Teria razão, minha senhora, se ele pudesse suprimir os poços. Mas que é a vida senão uma combinação de astros e poços, enlevos e precipícios? O melhor meio de escapar aos precipícios é fugir aos enlevos.

Lívia ficou pensativa alguns instantes.

— O pensamento é melancólico — disse ela; — contudo pode ser verdadeiro. Mas por que razão condenaremos a vida contemplativa dos que não conhecem a vida positiva? Os livros da imaginação... esses livros não são detestáveis, como o senhor disse; não os há detestáveis nem ótimos. Deus os dá conforme a ciência de cada um.

Félix despediu-se de Lívia, não enlevado, não palpitante, mas disposto a uma aventura. Amiudou as suas visitas a Catumbi, a grande aprazimento de Viana, que suspeitou alguma afeição entre os dois, e imaginara uma aliança de família.

A presença de Félix era até vantajosa naquela casa. Entre a viúva e o irmão havia um abismo. Eram dessemelhantes nos sentimentos, nos hábitos de viver, na maneira de pensar. Lívia tinha alternativas de afabilidade e rispidez, ao passo que o irmão era de uma inalterável paz de espírito. Viana tinha coisas más e boas, sendo que as coisas boas eram justamente as que se opunham ao gênio especulativo da viúva. Era homem essencialmente prático; o seu reino era todo deste mundo. Apesar das suas pretensões a rapaz estouvado e extravagante, tinha hábitos de ordem e economia. Lívia era a este respeito negligente e "meia doida", como lhe chamava o irmão; alheava-se muitas vezes das coisas que a cercavam para subir a um mundo superior e quimérico. O médico era entre ambos uma espécie de mediador plástico. Não pertencia à esfera de nenhum deles, mas sabia a maneira de os conciliar.

Félix encontrou algumas vezes em Catumbi o Dr. Batista, que ele vira dançar com a viúva em casa do coronel. Lívia não parecia prestar-lhe atenção, nem o pretendente magoar-se por isso. Era um modelo de dissimulação e cálculo. Conhecia todos os artifícios da campanha amorosa, a indiferença, o desdém, o entusiasmo, e até a resignação.

Uma noite em que saíram de lá juntos, Félix procurou sondar-lhe o espírito a respeito da moça.

— Nada há — respondeu Batista com indiferença; — nem eu pretendo cortejá-la. Mas, se o pretendesse, triunfaria; a paciência é a gazua do amor.

— Não lhe parece que essa sua máxima é imoral?

— Efetivamente é assim; mas é por isso mesmo que estes amores são deliciosos.

Quinze dias depois apareceu Viana em casa de Félix. Deu-lhe parte de que a irmã já não ia para a Europa.

— Por que motivo? perguntou Félix.

— É justamente o que eu desejara saber — disse Viana com um gesto de mal contido despeito; — mas estou certo de que o não saberei jamais. Aquela minha irmã não me parece ter a cabeça no seu lugar.

— Alguma razão haveria. Estará doente?

— Está de perfeita saúde.

— Quem sabe se... algum namoro?

— Já pensei nisso — disse Viana; — pode ser algum namoro.

— Naquela idade as paixões são soberanas. Seria inútil querer dissuadi-la, e ainda que não fosse inútil, seria desarrazoado, porque uma viúva moça... Ela amava muito o marido, não?

— Antes de casar, muito; três meses depois, muitíssimo; ao cabo de alguns meses, nem muito nem pouco. Toda essa história é mistério para mim...

— Não lhe vejo mistério nenhum; o casamento é justamente isso; acalma os afetos para os tornar mais duradouros. Se a paixão de sua irmã se tornou mais calma...

— Não se trata disso. Lívia não amava menos; aborrecia o marido... Mas por que nos demoraremos nestas coisas que não podemos explicar? A única explicação que lhe acho é o seu caráter esquisito. O senhor não imagina bem que eterna variação de gênio é aquela moça. Há dias em que se levanta meiga e alegre, outros em que toda ela é irritação e melancolia. Ninguém a entende, e eu menos que ninguém.

— Não esteja o senhor a exagerar uma coisa naturalíssima. Todos temos essa mesma alteração de humor. Há manhãs tristes e aziagas. Quer que lhe dê um conselho? Não a contrarie nunca, é o melhor.

— Mas o senhor há de concordar que quando a gente já preparava os beiços para ir saborear a vida parisiense...

— Há tempo para tudo — disse Félix —, e o senhor ainda está moço. Iremos juntos daqui a um ano.

— Palavra?

— Palavra.

Capítulo 6
DECLARAÇÃO

— Então, já não vai para a Europa? — perguntou Félix à viúva, nessa mesma tarde.

— Quem lhe disse?

— Seu irmão.

— Desfiz a viagem, bem contra a vontade dele, que me chamou caprichosa e não sei que mais. Talvez tenha razão. Eu mesma não me entendo às vezes. Esta viagem, que era um desejo ardente, acha-me agora fria. Que lhe parece isto?

— Alguma razão há de haver — ponderou o médico; — e eu sentiria se o motivo...

— Se o motivo? — repetiu a moça.

Calaram-se e ficaram algum tempo a olhar um para o outro. A explicação, que já os lábios não pediam nem davam, começaram a pedi-la e a lê-la os olhos de ambos.

Lívia baixou os seus.

— Vamos para o terraço — disse ela por fim; — a tarde está bonita.

A tarde estava realmente linda. Félix, entretanto, cuidava menos da tarde que da moça. Não queria perder o ensejo de lhe dizer, como se fora verdade, que a amava loucamente. Encostada ao parapeito do terraço que dava para a chácara, a viúva simulava contemplar os esplendores do ocaso; na realidade, afiava o ouvido para escutar a confissão amorosa.

Félix olhava para ela e não ousava romper o silêncio. Quase a soltar dos lábios a palavra decisiva, a si mesmo perguntava se ela não iria pesar no seu destino mais do que imaginava então, e se daquele capricho de momento não resultaria o mal de toda a sua vida. Mas a hesitação foi curta; Félix ia enfim lançar a sorte, quando um escravo apareceu no terraço, a anunciar a visita do Dr. Batista.

— Não quero falar a ninguém, João — disse a moça; — estou incomodada.

— Que resposta é essa? — perguntou Félix, baixinho, quando o escravo voltou as costas.

— João! — disse a moça.

O escravo voltou.

— Eu hoje só posso receber as pessoas mais íntimas de casa, os amigos de meu irmão. Às outras dize que estou incomodada.

O escravo saiu.

— Adota esta explicação?

— Antes essa — respondeu Félix; — é melhor para a senhora; sinto-a contudo por mim; não quisera ser envolvido entre os íntimos da casa.

— Quer que eu corrija a ordem que dei?...

— Não peço tanto; não tenho direito a isso; e todavia...

— E todavia?...

Houve um curto silêncio.

— Não me compreende? — disse Félix com voz quase sumida.

— Compreendo — murmurou ela, depois de uma pausa; — mas receio enganar-me.

— Não se engana — insistiu Félix com calor; — amo-a, e seria impossível negá-lo, porque a minha voz e o meu rosto hão de tê-lo dito melhor do que as minhas palavras. Não percebe isso há muito tempo? Não adivinhou já que a esperança do seu amor é para mim toda a felicidade de amanhã? Diga! Diga uma palavra só, cruel ou benévola, mas uma e definitiva.

Lívia escutara-o enlevada, e a sua resposta foi mais eloquente que a declaração do doutor; estendeu-lhe a mão trêmula e fria, e embebeu nos olhos dele um longo olhar de agradecimento e felicidade.

— Ama-me também? — perguntou Félix depois de alguns minutos de muda contemplação.

— Oh! Muito! — suspirou a moça.

E ambos ali ficaram silenciosos, ofegantes e namorados, nesse êxtase dulcíssimo que é porventura o melhor estado da alma humana. Ambos, porque o coração do médico, naquele instante ao menos, palpitava com igual fervor.

— Muito! — repetiu Lívia, como se essa palavra fosse apenas um eco do seu pensamento ou uma resposta à muda interrogação dos olhos do médico.

Félix passou-lhe o braço à roda da cintura e puxou-a docemente para si; depois segurou-lhe a cabeça entre as mãos, e inclinou os lábios para lhe imprimir um beijo na fronte. Deteve-o um rumor estranho, uma voz infantil e desconhecida.

Instantes depois apareceu no terraço um menino de cinco anos, criança gentil e esperta, rosada e gorda, como os anjos e os cupidos que a arte nos representa em seus painéis.

— Mamãe! Mamãe! — gritava o pequeno, correndo a abraçar-se com a mãe e fugindo à mucama que vinha atrás dele.

Lívia recebeu a criança nos braços; beijou-a e pô-la ao colo.

— Apresento-lhe meu filho — disse ela ao médico; — estava em casa da madrinha; veio ontem para cá. — E voltando-se para o menino: — Luís, conheces o Dr. Félix?

O menino olhou para o médico com a expressão pasmada e interrogativa das crianças que veem uma pessoa pela primeira vez, e voltou-se para a mãe, sem parecer impressionar-se muito.

Lívia encheu-lhe as faces de beijos. A criança rindo de prazer, repeliu com as mãozinhas aquela chuva de carícias maternas.

— Ora bem — disse a viúva —, quem te deu ordem de andar a correr por aqui?

— Ninguém respondeu o menino —, eu pedi a Clara para me deixar vir; ela não quis, mas eu vim. Não fiz bem, mamãe?

— Fizeste mal. Vai brincar, vai, mas não corras.

— Quem é esse moço? — perguntou Luís, olhando outra vez para Félix.

— Já te disse: é o Dr. Félix.

— Ah!

Luís encarou o médico; depois olhou para a mãe, e fez um gesto para descer. Lívia pô-lo no chão.

— Posso ir à chácara?

— Podes; leva-o, Clara.

Luís deitou a correr seguido pela mucama. A mãe acompanhou-o com os olhos até vê-lo desaparecer do terraço.

Durante esta cena, Félix parecera completamente estranho a tudo que o rodeava. Não ouvia as repreensões da moça, nem a tagarelice da criança; ouvia-se a si mesmo. Contemplava aquele quadro com deleitosa inveja, e sentia pungir-lhe um remorso.

— É mãe, repetia o moço consigo; é mãe!

— Olhe — dizia a moça, debruçada sobre o parapeito que dava para a chácara; — veja como ele vai correndo...

Félix debruçou-se também; o menino corria efetivamente adiante de Clara, que o acompanhava de longe. De quando em quando, parava o menino aguardando a mucama; mas tão depressa esta se lhe aproximava, a criança negaceava o corpo, e deitava a correr outra vez. A mãe parecia esquecida de tudo mais; Félix contemplava-a com religioso respeito. Estiveram assim calados alguns segundos. De repente Lívia voltou-se para o médico:

— Vê? — disse ela; — a pouco se reduz a minha felicidade: o senhor e aquela criança.

Dizendo isto, deixou pender a fronte; Félix beijou-a ardentemente, mas não pôde dizer nada. A comoção embargou-lhe a voz; a reflexão impôs-lhe silêncio.

Capítulo 7
O GAVIÃO E A POMBA

Iniciando afoitamente esta aventura, era natural que Félix saísse de Catumbi com a vaidade satisfeita de um triunfador. Não era ele amado, e amado sem esforço seu, sem resistência nem combate? E a mulher que lhe acabava de dar francamente o coração não tinha todas as qualidades que podem seduzir um homem e lisonjear-lhe o amor-próprio?

Qualquer outro teria motivo de se julgar superior ao resto dos mortais; mas era a natureza mesma da vitória que vinha travar a felicidade de Félix. A que propósito interviria o coração neste episódio, que devia ser curto para ser belo, que não devia ter passado nem futuro, arroubos nem lágrimas?

— Fui longe demais, ia ele dizendo consigo; não devia alimentar uma paixão que há de ser uma esperança, e uma esperança que não pode ser outra coisa mais que um infortúnio. Que lhe posso eu dar que corresponda ao seu amor? O meu espírito, se quiser, a minha dedicação, a minha ternura, só isso... porque o amor... Eu amar? Pôr a existência toda nas mãos de uma criatura estranha... e mais do que a existência, o destino, sei eu o que isso é?

Neste ponto, parece que alguma ideia vaga e remota lhe surgiu no espírito e o levou a uma longa excursão no campo da memória. Quando voltou à realidade presente tinha o carro entrado no Largo do Machado. Apeou-se e seguiu a pé para casa.

A viúva tornou a ocupar-lhe o espírito. Recapitulou então tudo o que se passara em Catumbi, as palavras trocadas, os olhares ternos, a confissão mútua; evocou a imagem da moça e viu-a junto dele, pendente de seus lábios, palpitante de sentimento e ternura. Então a fantasia começou a debuxar-lhe uma existência futura, não romanesca nem legal, mas real e prosaica; como ele supunha que não podia deixar de ser com um homem inábil para as afeições do Céu.

— E que outra coisa quer ela? dizia o médico a si mesmo. Era, sem dúvida, melhor que houvesse menos sentimento naquela declaração, que tivéssemos navegado mais junto à terra, em vez de nos lançarmos ao mar largo da imaginação. Mas, enfim, é uma questão de forma; creio que ela sente da mesma maneira que eu. Devia tê-lo percebido. Fala com muita paixão, é verdade; mas naturalmente sabe a sua arte; é colorista. De outro modo pareceria que se entregava por curiosidade, talvez por costume. Uma paixão louca pode justificar o erro; prepara-se para errar. Não me anda ela a seduzir há tanto? É positivo; mete-se-me pelos olhos. E eu a imaginar que...

Quando Félix chegou à casa, estava plenamente convencido de que a afeição da viúva era uma mistura de vaidade, capricho e pendor sensual. Isto lhe parecia melhor que uma paixão desinteressada e sincera, em que, aliás, não acreditava. Não admira pois, que ainda desta vez a lembrança de Lívia lhe não perturbasse o sono, e que o primeiro clarão da aurora, atravessando os vidros da janela da alcova, alumiasse o rosto do médico, tão grave e plácido como na véspera.

Félix voltou a Catumbi naquele mesmo dia. A viúva estava radiante de felicidade, trêmula de alegria. Estendeu-lhe a mão, que ele apertou, não palpitante como ela, mas cheio de delicadeza e graça. A presença de Viana, além disso, impedia qualquer outra manifestação exterior. O parasita, que parecia empenhado em preparar uma aliança de família com o médico, dispôs-se a não ser cruel para os dois namorados; fechou os olhos, cerrou os ouvidos, e, se em todo o caso foi importuno, não o deveu à vontade, mas à situação, porque em tais circunstâncias nem todo o engenho de Voltaire pode fazer um homem interessante.

Amiudaram-se ainda mais as visitas de Félix, que ali encontrou algumas vezes a família do Coronel Morais, e outras, poucas, da intimidade de Lívia. D. Matilde sentia entusiasmo pelo médico; quanto a Raquel, olhava para ele com uma espécie de adoração. Dos homens alguns o detestavam cordialmente, outros tinham-lhe medo, não raros inveja, e alguns poucos simpatia.

Félix, entretanto, parecia indiferente aos sentimentos que inspirava, e deste modo obedecia a um sistema não menos que à disposição do seu espírito. O mesmo praticava em relação ao amor. Evitava, quanto podia, animar as esperanças da moça, e posto soubesse a fundo a retórica da paixão, não a empregava sem uma parcimônia, que lhe parecia economia razoável.

Lívia, porém, não dissimulava nem hesitava; deixava transparecer no rosto o que sentia no coração. Jogava com as cartas na mesa sem previsão nem cálculo. Expansiva e discreta, enérgica e delicada, entusiasta e refletida, Lívia possuía esses contrastes aparentes, que não eram mais que as harmonias do seu caráter. Os próprios defeitos dela nasciam de suas qualidades. Era crédula à força de ser confiante, ríspida com tudo o que lhe parecia baixo ou fútil. Tinha a imaginação quimérica, às vezes — o coração supersticioso, a inteligência austera, mas compensava estes defeitos, se o eram, por qualidades capitais e raras.

Um dia em que ambos conversavam do único assunto que lhes podia interessar — pelo menos do único que lhe interessava a ela, Félix pediu-lhe explicação de uma coisa que lhe parecia obscura.

— Obscura? — repetiu Lívia.

— Lembra-se da noite em que a encontrei no Ginásio? — disse o médico. — Estava preocupada e alheia a tudo. Conversou mal e distraída, interessavam-lhe as cenas amorosas, tudo mais parecia aborrecê-la. No fim do terceiro ato levantou-se e foi-se embora. Diz-me, entretanto, que desde o sarau do coronel já começava a sentir este amor que é a sua vida. Pois bem, não estava eu lá, a seu lado, no teatro?

— Não.

— Oh!

— Estava outro homem, muito diverso deste que eu vejo agora ao pé de mim, porque ainda não me amava. Mas não era só isso; era mais. Pensa que os seus atos, sentimentos e pessoa, não são objeto dos comentários estranhos?

— Importam-me tão pouco os comentários!

— Pois bem, falaram-me muito mal do seu coração naquele dia.

— Que lhe disseram desse viajante incógnito?

— Viajante? — perguntou Lívia.

— Que foi — emendou Félix.

— Disseram-me muitas coisas más.

— Deu-lhes crédito?

— Não; mas fiquei triste. Eu estava acostumada a admirá-lo de longe. Conhecia-o pouco, mas meu irmão falava-me muita vez a seu respeito nas cartas que me escrevia para Minas, e Raquel fazia coro com ele.

— Seu irmão tem certo entusiasmo por mim — disse Félix; — é natural que exagere os meus méritos. Quanto à filha do coronel, é uma criança, que se acostumou a ver-me com olhos de irmã mais moça.

— Quer então que eu acredite antes nas coisas más?

— Nem más nem boas, Lívia; conheça-me primeiro; fará depois juízo seguro.

— Oh! Conheço-te! — exclamou ela.

A entrada de Viana interrompeu o colóquio. Félix dirigiu-se à mesa e abriu um álbum, enquanto Viana referia à irmã as peripécias de um jantar a que assistira.

O álbum da viúva, que o médico abria pela primeira vez, estava já alastrado de prosa e verso. Nem tudo era bom, como acontece nesses livros, que são às vezes verdadeiros asilos de inválidos do Parnaso, onde as musas reumáticas e manetas vão soltar os seus gemidos. Uma página havia que lhe pareceu misteriosa: era uma declaração de amor sem assinatura. Leu-a, e não pôde deixar de sorrir: só havia uma coisa pior que a forma, era o pensamento.

— De que se ri? — perguntou a viúva.

Viana aproximou-se de Félix e lançou os olhos para a página aberta.

— Ah! — disse ele estouvadamente —, isto é de meu defunto cunhado.

Lívia estremeceu e corou.

— Viúva de um néscio! pensou Félix. Estava pedindo um homem inteligente.

Capítulo 8
QUEDA

O desenlace desta situação desigual entre um homem frio e uma mulher apaixonada parece que devera ser a queda da mulher: foi a queda do homem. Para triunfar da viúva, Félix contava apenas com a sua resolução; mas a viúva, além do seu amor, tinha dois auxiliares ativos e latentes: o tempo e o hábito. Cada dia que passava, caía como uma gota d'água no coração do médico, e ia cavando fundo com a fria tenacidade do destino.

Ironia da sorte chamará o leitor a este desfecho de uma situação que, algumas semanas antes, tão outra se lhe afigurava. Chame-lhe antes lógica da natureza, porque o coração de Félix, que aparentava ser de mármore, era simplesmente da nossa comum argila. Não era seguramente um coração virginal e puro; tinha uma certa dose do egoísmo que a natureza maternalmente repartiu por todos os homens, e não se pode dizer que não fosse algum tanto cético; mas estes senões exagerava-os ele de maneira que veio a perder, na imaginação dos outros, a sua fisionomia original.

As armas com que lutava eram certamente de boa têmpera, mas se valiam muito para esgrimir, valiam pouco para pelejar. Com uma mulher que apenas tivesse a soma de afeto necessária para dissimular o erro, o nosso herói ficaria na altura da reputação; mas o amor da viúva era um verdadeiro combate. Quando Félix chegou a encarar-lhe o coração, sentiu a fascinação do abismo, e caiu nele.

Esta queda, como disse, foi lenta; o médico começou a sentir que a presença da moça era para ele uma necessidade. Pesavam-lhe as ausências mais longas, e, o que era mais, vinham suavizá-las umas saudades, que ele definia por outro modo, mas que, em suma, eram saudades. Quando a ia ver, e à proporção que se aproximava dela, sentia bater-lhe alguma coisa dentro do peito; o médico dizia que era o sangue ainda juvenil e irrequieto. Seria uma razão fisiológica; mas havia também uma razão moral; era a lava da paixão que se ia formando e subindo até romper a garganta do vulcão. Longa foi a gestação do amor; mas quando o médico descobriu o estado de sua alma, não era centelha que se pudesse abafar, mas incêndio que lavrava e consumia tudo.

Decidam lá os doutores da Escritura qual destes dois amores é melhor, se o que vem de golpe, se o que invade a passo lento o coração. Eu por mim não sei decidir, ambos são amores, ambos têm suas energias. O de Félix parecia ter criado no silêncio uma força invencível.

Um potro arisco e selvagem, quando a mão do homem lhe põe o freio pela primeira vez, não se irrita mais do que o nosso herói no dia que sentiu violada a liberdade do seu coração. Cólera singular e insensata, mas amarga e sincera. Planeou desde logo uma separação violenta, que lhe desse tempo e armas para vencer-se a si próprio. A execução seguiu de perto a ideia; e o médico cessou repentinamente as suas visitas a Catumbi.

A ausência, porém, foi ainda um auxiliar da viúva. O despeito do médico não se aplacou, transformou-se; não acusava já a fraqueza do coração, mas a rebeldia dele. O que a princípio lhe parecera necessário para restituir-lhe a paz do espírito, começou a ter a seus olhos o caráter de ingratidão. Ingratidão, era já confessar muito, mas o médico foi além, achou-se ridículo. Aqui já não era possível a resistência. Algum homem pode gloriar-se de ser ingrato; dirá, com um moralista cético, que é uma maneira de ser independente. Mas ninguém é ridículo convencido; convencer-se é emendar-se.

A essas razões que o médico dava a si próprio, e que eram filhas da consciência, acresciam outras que ele não articulava, mas sentia, as saudades, as recordações, os desejos, a voz misteriosa e constante que lhe sussurrava aos ouvidos o nome de Lívia.

Demais, a bela viúva escreveu-lhe. Félix, como um verdadeiro namorado, jurara não abrir as cartas que ela lhe mandasse, e correu à porta para receber a primeira. Não era carta de recriminações, mas de surpresa e de lágrimas. Quando veio segunda carta, já o médico sabia a outra de cor. A segunda era a última, dizia Lívia; eram já recriminações, mas não contra ele, nem contra o destino; eram recriminações contra si mesma. A melancólica resignação da moça comoveu o médico; no fim de uma semana estava aos pés dela, fazendo ato de sincera contrição.

Lívia perdoou-lhe as lágrimas choradas durante aqueles oito dias de angustiosa incerteza. Perdoou-as como sabem perdoar as almas verdadeiramente boas, — sem ressentimento. Mas a causa da ausência não a explicou Félix.

— Não me perdoou já? — disse o médico, quando ela lhe fez uma pergunta direta a este respeito. — Isso basta; não queira saber a razão desta singular loucura, que me levou tão longe do único lugar em que me é possível a felicidade. Para minha expiação, basta o que sofri também nestes oito dias e a vergonha de ter...

Calou-se; receava dizer tudo. A moça ouviu aquelas palavras com manifesta satisfação, e murmurou:

— Ciúmes?

Félix estremeceu. Uma sombra ligeira pareceu toldar-lhe os olhos. Lívia inclinou para ele o rosto como querendo ler-lhe na fisionomia a verdade que ele forcejava por esconder.

— Não — disse Félix —, não foram ciúmes. Ciúmes de que e de quem?

— De ninguém, bem sei; mas está-me a parecer, Félix, que o seu amor é um pouco visionário e melindroso. Oh! Não me lastimo por tão pouco; agradeço-lhe até. Que perderia eu com isso? Alguns dias de paz, talvez; mas a certeza de ser amada é uma grande compensação. O Purgatório não é uma porta que abre para o Céu? Cada qual sabe amar a seu modo; o modo pouco importa; o essencial é que saiba amar. Pode ser que eu me engane — continuou ela pondo-lhe as mãos na fronte —, mas eu creio que há nesta cabeça muita imaginação, e imaginação doente. Ou então...

— Ou então? — repetiu o médico, vendo que ela fazia uma pausa.

— Ou então, a doença está aqui — concluiu Lívia apontando--lhe para o coração. — Não importa; eu suportarei tudo, contanto que me ame.

— Oh! Lívia — exclamou Félix, depois de lhe beijar ternamente a fronte —, essa resolução será o penhor do nosso futuro. Consulte o seu coração; veja se há nele bastante misericórdia para mim, e prometo-lhe que seremos felizes.

— Tudo lhe perdoarei, contanto que me ame — disse a moça.

Compreenderia ela então que dolorosa e pesada obrigação contraíra? Talvez não. Confiava em si mesma, no prestígio do seu amor, no coração de Félix, para vencer tudo, e realizar o que era agora o sonho da sua vida.

O caminho melhor para isto era seguramente o da igreja. Que obstáculo podia haver? Um e outro dependiam exclusivamente de si; o casamento era o desfecho lógico e sacramental daquele romance. Mas nem a viúva o insinuava, nem o médico o propunha, e nesta situação mal definida alguns dias correram de tranquila felicidade.

Aos olhos estranhos buscavam ambos esconder o seu segredo; mas a reserva de Lívia era apenas a que bastava para acatar as conveniências, ao passo que a de Félix era tão completa e calculada que à própria moça iludia. Esta facilidade de dissimulação desconsolou-a. Achava-a perfeita demais. Era um sintoma de tranquilidade que desdizia com o amor impetuoso de Félix. Demais, que razão haveria para esconder tão misteriosamente dos olhos dos outros, uma coisa que deveria e não tardaria a ser pública?

A indiferença de Félix, entretanto, não era tão completa como parecia, era uma indiferença vigilante. Quando os olhos da viúva procuravam os do médico, este desviava cautelosamente os seus; mas olhava, digamo-lo assim, por baixo da pálpebra.

Foi então que começou para ela uma vida de luta.

Capítulo 9
LUTA

O amor de Félix era um gosto amargo, travado de dúvidas e suspeitas. Melindroso lhe chamara ela, e com razão; a mais leve folha de rosa o magoava. Um sorriso, um olhar, um gesto, qualquer coisa bastava para lhe turbar o espírito. O próprio pensamento da moça não escapava às suas suspeitas: se alguma vez lhe descobria no olhar a atonia da reflexão, entrava a conjeturar as causas dela, recordava um gesto da véspera, um olhar mal explicado, uma frase obscura e ambígua, e tudo isto se amalgamava no ânimo do pobre namorado, e de tudo isto brotava, autêntica e luminosa, a perfídia da moça.

Lívia preferia decerto uma confiança honesta e leal, mas a desconfiança estava longe de lhe amargurar o coração, aceitava-a com alegria.

— Antes isto — dizia-lhe depois de uma reconciliação; — vejo que me ama. A confiança também se parece com a indiferença, e a indiferença é o pior de todos os males.

Esta filosofia teve seus instantes de desmaio. Não bastava a força do amor para resistir à suspeita de todos os dias, que se apagava às vezes logo, mas que renascia depois, para de novo se apagar e renascer. Lívia começou a fugir dos lugares que até então frequentava habitualmente. Raras vezes aparecia no teatro ou numa reunião. Félix compreendeu a causa desta reserva e disse-lhe. A moça negou; mas, como ele insistisse em afirmar e pedir que ela não alterasse os seus hábitos, respondeu:

— É bom de dizer, Félix; assim vamos melhor; lá fora como aqui, lá pior do que aqui, a menor coisa basta para lhe transviar o espírito.

— Juro-lhe que não.

Jurava, mas quebrava o juramento. O espírito não ratificava as promessas do coração.

De que lhe servia a ela a máxima prudência nas suas relações com as demais pessoas, se tudo era pouco para obter a confiança de Félix? Uma hora de inalterável felicidade era comprada à custa de muitas horas de tédio, às vezes de lágrimas. Ele as sentia decerto, e as pagaria com sacrifícios, se precisos fossem; mas eram curtos esses lúcidos instantes.

Lívia não se acostumou a ler logo na fisionomia do médico. Ele possuía em alto grau a faculdade de esconder o bem e o mal que sentisse. Era uma faculdade preciosa, que o orgulho educara, e se fortificou com o tempo. O tempo, entretanto, a pouco e pouco lhe foi adelgaçando essa couraça, à medida que se prolongava e multiplicava a luta. Então os olhos da viúva aprenderam a soletrar-lhe no rosto os terrores e as tempestades do coração. Às vezes, no meio de uma conversa indiferente, alegre, pueril, os olhos de Lívia se obscureciam e a palavra lhe morria nos lábios. A razão da mudança estava numa ruga quase imperceptível que ela descobria no rosto do médico, ou num gesto mal contido, ou num olhar mal disfarçado.

Esta situação pôde esconder-se aos olhos de todos, menos aos de Luís Batista. Observador e perspicaz, e ao mesmo tempo sem paixões nem escrúpulos, percebeu este que quanto mais o amor de Félix se tornasse suspeitoso e tirânico, tanto mais perderia terreno no coração da viúva, e assim roto o encanto, chegaria a hora das reparações generosas com que ele se propunha a consolar a moça dos seus tardios arrependimentos.

Para alcançar esse resultado, era mister multiplicar as suspeitas do médico, cavar-lhe fundamente no coração a ferida do ciúme, torná-lo em suma instrumento de sua própria ruína. Não adotou o método de Iago, que lhe parecia arriscado e pueril; em vez de insinuar-lhe a suspeita pelo ouvido, meteu-a pelos olhos.

A dificuldade era certamente maior e mais delicada, mas o pretendente tinha em larga escala as qualidades precisas para ela. Era-lhe necessário afetar com a moça uma intimidade misteriosa, mas discreta, sem aparato, antes cercada de infinitas cautelas, tão hábil que ela não percebesse, mas tão claramente dissimulada que fosse direito ao coração de Félix.

Mas a mulher dele? A mulher dele, amigo leitor, era uma moça relativamente feliz. Estava mais que resignada, estava acostumada à indiferença do marido. Dera-lhe a Providência essa grande virtude de se afazer aos males da vida. Clara havia buscado a felicidade conjugal com a ânsia de um coração que tinha fome e sede de amor. Não logrou o que sonhara. Pedira um rei e deram-lhe um cepo. Aceitou o cepo e não pediu mais.

Todavia o cepo não o fora tanto antes do casamento. Paixão não a teve nunca pela noiva; teve, sim, um sentimento todo pessoal, mistura de sensualidade e fatuidade, espécie de entusiasmo passageiro, que os primeiros raios da lua-de-mel abrandaram até apagá-lo de todo. A natureza readquiriu os seus aspectos normais; a pobre Clarinha, que havia ideado um paraíso no casamento, viu desfazer-se em fumo a sua quimera, e aceitou passivamente a realidade que lhe deram, — sem esperanças, é certo, mas também sem remorsos.

Faltava-lhe, — e ainda bem que lhe faltava, — aquela curiosidade funesta com que o anfíbio clássico, desenganado do cepo, entrou a pedir um rei novo, e veio a ter uma serpente que o engoliu. A virtude salvou-a da queda e da vergonha. Lastimava-se, talvez, no refúgio do seu coração, mas não fez imprecações ao destino. E como nem tinha força de aborrecer, a paz doméstica nunca fora alterada; ambos podiam dizer-se criaturas felizes.

Ora, pois, enquanto Clarinha nenhum lugar ocupava no espírito do marido, este executou o plano que havia organizado. O resultado foi lento, mas certo. O coração de Félix bebeu aos poucos o veneno que lhe propinava tranquilamente o astuto rival; mil circunstâncias fortuitas vieram favorecer a obra de Luís Batista. O espírito de Félix era apropriado terreno para ela; a suspeita rara vez lhe morria em embrião; uma vez lançada a semente, germinava com força, crescia, apoderava-se dele, e então batia a hora da crise, a hora que o seu rival pacientemente esperou, e conseguiu.

Desta vez assentou Félix numa resolução heroica: romper o encanto que o prendia à bela viúva. Tinham já passado alguns meses, todos eles assim entremeados de felicidade e amargura. Cem vezes se convencera das suas injustiças; mas a cada suspeita nova ressurgiam as anteriores, as que ela perdoara, e a última confirmava então as primeiras, e o pobre rapaz achava-se sinceramente ludibriado e ridículo.

Escreveu uma carta longa e violenta, em que acusava a moça de perfídia e dissimulação. Havia amargura na carta, mas havia também ódio e desprezo, tudo quanto podia ferir para sempre um coração que até ali soubera amar e sofrer, mas que enfim podia cansar e desprezar.

Enviada a carta, deixou-se ele entregue à sua dor, disposto a não voltar a Catumbi. Ninguém viu então uma lágrima que o desespero lhe arrancou, e que ele se apressou de enxugar com vergonha de si mesmo. Recapitulou então todos os sucessos dos últimos dias; nunca lhe parecera mais evidente a traição da moça, nem mais cruel a situação do seu espírito. Um raio de esperança veio entretanto projetar-se na sua noite de dúvidas. Imaginou que tudo podia ser erro e ilusão, e, esperou que a resposta de Lívia tudo viesse esclarecer.

Não esclareceu a resposta da moça, porque o portador da carta voltou sem ela. Ao ciúme que o devorava, veio misturar-se o despeito; complicou-se a dor com o orgulho ofendido. Lívia apareceu-lhe com todos os caracteres de uma loureira vulgar, e loureira não traduz bem o pensamento do moço.

Nesse estado passou Félix o resto do dia. Longas lhe correram as horas, friamente longas como elas são, quando o coração padece ou espera. Enfim, caiu a tarde, apagou-se de todo o sol, as sombras da noite começaram a lutar com os derradeiros lampejos do crepúsculo, até que de todo dominaram o céu.

A melancolia da hora insinuou-se no coração do médico, e a pouco e pouco lhe aquietou o desespero do dia. Félix meditou longo tempo na situação que as circunstâncias lhe haviam criado. Viu o imenso espaço que aquele amor lhe tomara na vida, e a terrível influência que poderia exercer nela, caso não achasse forças para resistir à separação. Qual seria o meio de escapar a esse desenlace, pior que tudo? Félix pensou numa viagem, como o meio mais fácil e pronto. Dispunha mentalmente as coisas para esse fim, quando ouviu parar um carro.

Daí a pouco entrou um escravo dizendo que uma pessoa insistia em falar-lhe: era uma senhora.

— Uma senhora! — repetiu Félix.

Era Lívia. Quando Félix chegou à sala, estava ela à porta, com o rosto coberto por um véu que arregaçou imediatamente. Félix não pôde reter um grito de surpresa.

Lívia trazia pela mão um menino: era o filho. Caminhou para o médico depois de alguns instantes de absoluto silêncio, e estendeu-lhe a mão.

— Não esperava a minha visita? — disse ela com tranquilidade.

— Confesso que não.

— Devia esperar, porque eu não havia respondido à sua carta, e alguma coisa cumpria que lhe dissesse.

— Não receou que os olhos da sociedade... — disse ele.

— A sociedade está tomando chá — atalhou a viúva, procurando sorrir. — Era preciso que eu viesse e vim.

Félix fez um movimento.

— Sim, era preciso — insistiu Lívia. — Uma carta seria já inútil; entre nós as cartas perderam a virtude, Félix. Eu já não sei, já não tenho palavras com que lhe restitua a confiança ao coração. Esta ousadia talvez...

A luz batia de chapa no rosto da moça; Félix viu tremerem-lhe duas lágrimas nos olhos, hesitarem um instante, e rolarem depois na face, levemente corada de agitação e de pejo.

— Fui talvez cruel no que lhe escrevi — disse ele — , e quero crer que fosse também injusto, mas amo-a, é todo o meu crime...

Lívia suspirou.

— Não o amo eu também? — disse ela. — Nem por isso sou cruel ou injusta. Mas não o acuso; se o acusasse não viria aqui. Venho porque sei que padece, e a despeito de tudo devia vir.

Félix conduziu-a para o sofá, e sentou-se numa cadeira. Luís ficou de pé, entre ele e ela, meio indiferente, meio curioso do que ouvia sem entender.

— Não receou que este menino pudesse dizer alguma coisa? — perguntou Félix.

— Não pensei nisso. Fui visitar Raquel, que está muito mal; fui só com ele. Tinha a ideia de vir às Laranjeiras: isso dominava tudo. Se conseguir dissipar-lhe as novas dúvidas que o afligem, pouco me importam as consequências. Que quer? Eu sou assim. Vejo no mundo o meu amor e a sua felicidade; tudo o mais me é estranho ou nulo.

Lívia dizia estas palavras com um tom singelo e verdadeiramente d'alma, que comoveu o médico.

— Oh! Para isso basta uma coisa — disse Félix, com impetuosidade. — Jura-me que nenhuma razão havia para suspeitar?

Lívia abriu muito os olhos como espantada do que ouvira; depois, abanando tristemente a cabeça:

— O senhor há de quebrar todo o meu orgulho — disse com amargura. — Eu arrisco tudo para lhe restituir a felicidade e a paz; o senhor recompensa-me este sacrifício com a humilhação. Jurar-lhe! De que serve um juramento mais entre nós? Se o que acabo de fazer não é bastante, Félix, concluamos aqui o nosso romance; e oxalá que alguma página dele possa algum dia lembrar-lhe com saudade.

Dizendo estas palavras, a moça voltou o rosto para esconder a sua comoção. Félix sentiu pungir-lhe um remorso, e teve ímpeto de cair aos pés da bela viúva. Murmurou algumas palavras, que ela não percebeu ou não ouviu, até que o menino chamou a atenção de ambos, dizendo:

— Vamos, mamãe?

Lívia levantou-se e desceu o véu sobre o rosto.

— Perdoe-me tudo — disse Félix; — ainda uma vez lhe peço perdão. Não me julgue como os outros fariam, se conhecessem esta triste história de alguns meses. Não sou mau; falta-me confiança; algum dia lhe direi por quê. Por agora, perdoe-me outra vez. Injuriei-a, bem sei; não devia pedir-lhe nada mais, porque me deu generosamente a maior consolação que o meu espírito ousaria esperar.

— Esse homem? — disse a viúva, depois de um instante.

— Por que me pergunta?

— Quero afastá-lo de minha casa, se ele lá vai, ou evitar as ocasiões de me encontrar com ele.

— É um homem que a não respeita sequer, um libertino, cuja mulher é um anjo...

— O Dr. Batista?

— Esse.

Lívia estendeu-lhe a mão. Félix quis ainda falar-lhe, mas a viúva observou que era tarde e dirigiu-se para a porta. Félix acompanhou-a até o jardim. Ao despedir-se dela pela última vez, o médico apertou-lhe fervorosamente a mão.

— Perdoa-me?

— Sim! — disse ela.

E pela primeira vez nessa noite era a sua voz terna e amorosa como de costume.

Félix viu-a entrar no carro, que partiu imediatamente. Voltou para a sala. Estava irritado contra si mesmo. Reconhecia a sua precipitação; achava-se grosseiramente injusto. Se lhe houvera lembrado a visita da moça, tê-la-ia pedido como o meio único de lhe desvanecer de todo as suspeitas. Agora que ela o deixava, acusava-se de a haver obrigado àquele extremo recurso.

A noite pareceu-lhe ainda mais longa que o dia. Velava e remordia-lhe a consciência. Ouviu bater uma por uma as horas todas, ansioso por que viesse o dia seguinte para ir a Catumbi resgatar à força de ternura e respeito a injustiça com que tratara a viúva. Cerrou os olhos quando a arraiada despontou no céu; pouco dormiu, entretanto. Ao levantar-se, tinha o espírito mais sossegado, e pôde apreciar melhor a situação.

— O casamento me restituirá a confiança, pensava ele; quando estivermos juntos os dois, afastados da convivência e do contato de estranhos, a paz morará no meu coração; só então seremos felizes sem amargura nem remorso.

Capítulo 10
A ENFERMA

A doença de Raquel era grave; durante alguns dias chegaram a recear um desenlace funesto. Os velhos pais quase enlouqueceram, quando o médico os preparou para a terrível catástrofe. A menina percebeu o seu estado, mas nem o medo da morte, nem a saudade da terra lhe fez doer o coração. Morria como flor que era. A mágoa era toda para os que a viam assim condenada sem remédio.

O médico assistente dera à moléstia um nome tirado não sei se do grego, se do latim. Na opinião da mãe, havia alguma coisa mais do que o nome e a moléstia; havia uma inexplicável melancolia, anterior à doença, uma espécie de tédio precoce da vida, se não era antes alguma esperança malograda, — ou mais claramente, alguma afeição sem esperança.

Para obter dela a confissão que imaginava, tinha D. Matilde o necessário tato e doçura: era mulher e mãe. Mas, ou porque nada houvesse realmente, ou porque quisesse levar consigo o segredo da sua melancolia, Raquel nenhuma confissão lhe fez.

Dois dias depois da visita de Lívia, Félix foi à casa do coronel. O coronel estava na sala, mergulhado numa poltrona, com os olhos parados e as feições abatidas pela vigília e pela dor. Quis levantar-se quando Félix apareceu à porta, mas este correu para ele e impediu o movimento.

— Soube anteontem do estado de sua filha — disse Félix sentando-se ao lado do velho pai. — Disseram-me que estava mal...

— Mal — repetiu o coronel —, definitivamente mal. A pouca esperança que tínhamos veio nos tirá-la o médico. O senhor não sabe o que é perder assim metade da alma.

Félix disse algumas palavras banais de consolação, e chegou até a falar de esperança; mais ainda que a esperança fala sempre ao coração dos desgraçados, o bom velho em outra coisa não acreditava mais que na morte.

Algum tempo estiveram calados; enfim o coronel rompeu o silêncio:

— Raquel é muito sua amiga — disse ele. — Duas vezes perguntou pelo senhor.

— Desde quando está doente?

— De cama está há quinze dias; mas já sofria antes disso. A princípio não me deu muito cuidado; a moléstia, porém, agravou-se rapidamente, e tem ido a pior.

Foram interrompidos pelo médico assistente. Tinha este sido companheiro de Félix na escola. Ao vê-lo, ali suspeitou que o tivessem mandado chamar; Félix apressou-se a explicar o motivo da sua visita.

— Em todo o caso, doutor — disse o outro —, aproveito as suas luzes, e façamos, se lhe parece, uma conferência.

O coronel foi ver se Raquel estava acordada; voltou pouco depois e acompanhou os dois médicos à alcova da doente.

Félix foi o primeiro que assomou à porta; parou alguns instantes, impressionado com o espetáculo que se lhe oferecia.

Sentada à cabeceira da cama estava D. Matilde, descorada e abatida, com os olhos túmidos, e porventura cansados de chorar. Aos pés da cama via-se uma moça amiga da infância de Raquel, e sua dedicada enfermeira nesta ocasião. Ambas, triste e silenciosamente, contemplavam a doente.

Raquel estava branca como a fronha do travesseiro em que descansava a formosa cabeça. Tinha os lábios entreabertos e a respiração curta e difícil. O pequeno rumor que fizeram os médicos ao entrar um pouco a sobressaltou. Raquel abriu os olhos, que ardiam de febre.

Quando Félix se aproximou do leito e tomou o pulso da moça, esta olhou para ele e fez um gesto de espanto. Olhou depois em volta de si, como se duvidasse do lugar em que se achava. D. Matilde inclinou-se para a filha e disse:

— É o Dr. Félix.

Raquel olhou outra vez para Félix, com aquele sorriso apagado e triste dos doentes e murmurou:

— Obrigada!

— Como se sente? — perguntou Félix.

— Melhor — disse ela com uma voz tão fraca que parecia um suspiro.

— Deveras melhor?

Raquel fez um gesto de indiferença e não respondeu.

— Vamos lá, não desanime — disse Félix —, e sobretudo não faça entristecer seus pais, que lhe querem tanto.

Félix examinou a doente, fazendo-lhe algumas perguntas, a que ela debilmente respondia. Quando ele cessou de a interrogar, a moça murmurou:

— Morro, não é?

— Não — disse Félix — , não há de morrer, não deve morrer. Tem ainda vida larga, mas é preciso ânimo.

Raquel fez um gesto de quem não acreditava nas boas palavras do médico, e voltou os olhos para a mãe. D. Matilde tinha os seus cravados em Félix, como se lhe quisesse ler no rosto a sentença da filha. A doente pareceu adivinhar o pensamento, e disse com esforço:

— Por que não dá as suas consolações a mamãe?

A conferência não durou muito tempo. Félix começou opinando por uma modificação no tratamento até ali seguido, e declarou que não julgava todas as esperanças perdidas. O colega concordou facilmente na alteração pedida por Félix, tanto mais, disse ele, quanto as esperanças eram nenhumas.

Em sua opinião, Raquel estava irremediavelmente perdida. Não era opinião aérea e infundada; ele podia demonstrá-la com argumentos cabais e irrefutáveis. Demonstrou-o efetivamente, durante vinte minutos, com a justa apreciação dos fatos, os dados seguros da ciência, e uma dialética tão cerrada que era impossível fazer-lhe a menor objeção.

Quinze dias depois, entrava Raquel em convalescença.

No sentir dos pais, era Félix o salvador da filha. Fora ele quem lhes restituíra a esperança, e a realizara com os seus bons conselhos e diligente desvelo.

O colega de Félix, para quem o restabelecimento da moça era a destruição de todas as noções médicas recebidas, ficou profundamente surpreendido com esse resultado. Em todo caso, era impossível negá-lo; limitou-se a aplaudi-lo, e quando a moça entrou em convalescença, aconselhou os pais que a mandassem para algum arrabalde da cidade, a fim de respirar ares melhores.

Não podia vir mais a propósito o conselho. Lívia mudara-se para as Laranjeiras. A ideia da mudança era de Viana, que um dia a propôs à irmã, e fora aprovado por ela. A casa ficava pouco acima da de Félix, do lado oposto.

Era um prédio elegante, levantado no meio de uma chácara, não extensa nem esmeradamente tratada. Viana, entretanto, organizara um programa de reforma, que prometia executar pontualmente. Seu contentamento parecia não ter limites; além de preferir aquele bairro ao outro em que morava, havia a circunstância de ir ficar ao pé da casa de Félix, — o que era já meia felicidade, dizia ele.

Lívia aprovara a mudança sob a influência de igual ideia. Aqueles últimos dias tinham sido de plena e deliciosa paz. Seus projetos de futuro eram imensos; delineava uma vida independente de todas as escravidões sociais, vida exclusiva deles, cheia de todos os prestígios da poesia e do amor. Às vezes receava que esses sonhos fossem apenas sonhos. Ainda assim não os dera por nenhum preço deste mundo.

Estavam então nos primeiros dias de outubro; o casamento fora marcado para meados de janeiro. Marcado, entenda-se bem, apenas entre os dois, porque Félix conseguira da viúva a promessa de que a notícia seria dada nas vésperas do acontecimento.

— Mas a razão deste segredo? — perguntou Lívia, depois de lhe prometer o que pedia.

— Um capricho.

A razão verdadeira era a vacilação do seu espírito; mas a que ele deu contentou perfeitamente a moça.

— Se eu tivesse o teu coração — disse ela —, desconfiava desta exigência; mas, vê lá, eu creio em ti.

Estavam sós na chácara; Viana, fiel ao seu programa de não perturbar os dois namorados, foi meditar a alguma distância nas reformas que pretendia fazer. Caminhavam os dois calados e distraídos, ou melhor, concentrados em si mesmos. De repente, a viúva levantou a cabeça e disse como continuação das suas anteriores palavras:

— Há contudo ocasiões em que esta confiança parece abalar-se, não porque eu duvide de ti, mas porque duvido do destino. Já te disse que sou supersticiosa, — defeito das mulheres e das crianças. Estremeço algumas vezes, quando encaro o futuro, e, sem saber por quê, pergunto a mim mesma qual será o fim de tudo isto. Desmaios apenas, e raros, de um coração que ambiciona, talvez, mais do que poderia obter.

— Não te parece que eu esteja emendado? — disse Félix, sorrindo. Há quantos dias não há sequer...

— Cala-te! — interrompeu Lívia, tocando-lhe os lábios com os dedos. — Tenho medo de te ouvir falar assim. — E depois de um instante de silêncio: — Não é o teu coração que me faz tremer; o teu coração é bom. Não é também o teu espírito, apesar de caprichoso, visionário, inconstante. Receio do futuro, à vista do passado.

— Do passado? — perguntou Félix, estacando o passo.

Lívia suspirou.

— Que houve de mau no teu passado? — continuou o médico, fitando nela um olhar perscrutador.

— Tudo.

Havia perto um velho sofá de vime. Lívia encaminhou-se lentamente para ele e sentou-se. Félix contemplou-a algum tempo do lugar em que ficara. Já não sorria; a dúvida ensombrava-lhe os olhos. Enfim, deu alguns passos e parou em frente dela.

Capítulo 11
O PASSADO

— Serei indiscreto perguntando que passado foi esse? — disse Félix, depois de alguns instantes.

— Oh! Descansa! Não me pesa nada na consciência; mas no coração...

— Amaste alguém?

— Amei a meu marido.

A esta resposta de Lívia seguiu-se novo e longo silêncio. A memória do passado a que ela tão misteriosamente aludira, parecia doer-lhe na alma. Arfava-lhe o seio e as mãos, em que o médico amorosamente tocou, estavam geladas e trêmulas.

— Não acreditas que eu possa compreender-te melhor que os outros? — perguntou finalmente o médico.

— Talvez não.

Félix fez um gesto de despeito. A moça arredou o vestido e abriu espaço no sofá, onde o médico se sentou a um sinal dela.

— Talvez me não compreendas melhor que os outros — continuou Lívia —, e com isto não quero dizer que sejas tão vulgar como os mais deles. Não o és; mas há coisas que um homem dificilmente compreenderá, creio eu.

— Nem quando ama? — perguntou Félix.

Lívia não respondeu; Félix continuou:

— Mas que passado foi esse? Posso não compreender-te, como dizes, mas saberei dizer-te algumas palavras de consolação, e dissipar com elas a tristeza que te ficar desta confidência, que não é um remorso, decerto.

— Amei a meu marido — começou Lívia —, e toda a minha confidência se resume nessas poucas palavras. Tive uma paixão da primeira idade, quando o amor vem surpreender a ignorância do coração. Será esse o amor mais forte? Há quem diga que o primeiro amor nasce apenas da necessidade de amar. Pode ser. Hoje que te amo, sinto que pode ser assim. Em todo o caso, aquele afeto dominou-me toda; cobrei uma vida que me parecia imortal.

— E ele?

— Amava-me, creio, mas não entendíamos o amor do mesmo modo; tal foi o meu doloroso e tardio desencanto. Para mim era um êxtase divino, uma espécie de sonho em ação, uma transfusão absoluta de alma para alma; para ele o amor era um sentimento moderado, regrado, um pretexto conjugal, sem ardores, sem asas, sem ilusões... Errаríamos ambos, quem sabe?

— Vejo que eram incompatíveis — interrompeu Félix; — mas, por que exigir de todos essa maneira de ver e sentir, que é mais da imaginação que da realidade?

Lívia levantou os ombros.

— Estou explicando a situação da minha alma — continuou ela. — Foi aflitiva e triste; não a ocultei. Riu-se de mim. Era um homem apático e frio; honesto, é verdade, e bom coração, mas falávamos língua diversa e não nos podíamos entender. Confiei todavia na influência do amor. Empreendi a tarefa de o trazer à atmosfera dos meus sentimentos, errada tentativa, que só me produziu atribulação e cansaço. Fatigava-o com isso a que ele chamava pieguices poéticas; da fadiga passou à exasperação, da exasperação ao tédio. No dia em que o tédio apareceu, conheci que o mal estava consumado. Quis emendá-lo e não pude. Tinha feito da nossa vida conjugal um deserto; e se a minha alma clamava contra o destino, minha consciência me acusava de um erro, o erro de haver perturbado a paz doméstica, a troco de um sonho que não veio. Não me faço melhor do que sou, bem vês; mas uma parte da culpa não será da natureza que me fez tão pueril? Tal é o meu receio agora — continuou Lívia depois de alguns segundos de silêncio; — às vezes cuido que não vim ao mundo para ser feliz nem para dar a felicidade a ninguém. Nasci defeituosa, parece. Serás tu capaz de desfazer a apreensão ou corrigir o defeito?

A viúva concluiu estendendo-lhe a mão, que o médico apertou entre as suas. Um sorriso de simpatia ou de comiseração, ou de ambas as coisas juntas, entreabriu os lábios de Félix. Nenhum deles falou; ambos pareciam conversar consigo mesmo. Enfim, a viúva repetiu a pergunta.

— Talvez possa dissipar-te a apreensão — respondeu Félix; — mas, creio que não será fácil. Tens um coração ainda muito criança, e que o há de ser até a morte, penso eu.

Félix calou-se e contemplou à vontade a fisionomia da viúva, que tinha os olhos postos no chão, absorta e pensativa. A pouco e pouco o rosto do médico se foi igualmente fechando, e ambos, durante largo espaço, se deixaram ir na corrente de seus pensamentos sombrios. Félix foi o primeiro que despertou do letargo.

— Naufragaste à vista de terra — disse ele —, e do naufrágio trouxeste apenas úmidos os vestidos. Sabes o que é naufragar em mar alto e solitário, e perder tudo, até a vida? Foi assim comigo.

— Sim? — disse Lívia com um tom em que a alegria se misturava à curiosidade.

Félix não pôde reter um sorriso.

— O infortúnio é egoísta, pensou ele.

E continuou:

— Sim, perdi muito mais. Abraçar um cadáver, que é isso para quem já abraçou uma serpente? Tu perdeste apenas alguns anos de amor mal compreendido; não perdeste um bem precioso, que o tempo me levou: a confiança. Podes hoje ser feliz do mesmo modo que o querias ser então; basta que te ame alguém. Eu não, minha querida Lívia, falta-me a primeira condição da paz interior: eu não creio na sinceridade dos outros.

Aqui parou como se esperasse alguma observação da viúva; ela, porém, olhava para ele tranquila e até risonha. Félix continuou as suas confidências do passado. Eram histórias de afeições malogradas e traídas, contadas com sincera expansão, como se estivesse falando a si mesmo. Às vezes a comoção fazia tremer-lhe a voz, e nessas ocasiões, sobretudo, lia-se nos olhos da moça o enlevo com que ela ouvia falar-lhe o coração.

— Ninguém desperdiçou mais generosamente os afetos do que eu — continuou o médico —, ninguém mais do que eu soube ser amigo e amante. Era crédulo como tu; a hipocrisia, a perfídia, o egoísmo nunca me pareceram mais que lastimáveis aberrações. Meu espírito criara um mundo seu, uma sociedade platônica, em que a fraternidade era a língua universal, e o amor a lei comum. Deixei-me ir assim, rio abaixo dos anos, gastando a seiva toda da juventude, sem cálculo nem arrependimento, até que me bateu a hora das decepções funestas.

Calou-se. Sentira um rumor próximo; era Viana que passeava na chácara entregue às suas combinações de horticultura. Ouviria ele a voz de Félix? Parece que sim, porque a pouco e pouco se foi afastando do lugar. Os dois ficaram outra vez sós. O médico prosseguiu:

— Não me caíram as ilusões como folhas secas que um débil sopro desprega e leva, foram-me arrancadas no pleno vigor da vegetação. Não me deixaram essas doces recordações, que são para as almas enfermas como que uma aura de vitalidade. Meu espírito ficou árido e seco. Invadiu-me então uma cruel misantropia, a princípio irritada e violenta, depois melancólica e resignada. Calejou-se-me a alma a pouco e pouco, e o meu coração literalmente morreu.

Félix continuou a narração por este mesmo tom elegíaco e triste. Foi longa e fiel. Se a viúva não o escutasse só com o coração, poderia perceber alguma coisa mais do que ressentimento e amargura. Félix não era virtualmente mau; tinha, porém, um ceticismo desdenhoso ou hipócrita, segundo a ocasião. Não perceberia só isso; veria também que a natureza fora um tanto cúmplice na transformação moral do médico. A desconfiança dos sentimentos e das pessoas não provinha só das decepções que encontrara; tinha também raízes na mobilidade do espírito e na debilidade do coração. A energia dele era ato de vontade, não qualidade nativa: ele era mais que tudo fraco e volúvel.

Lívia não percebia nada disto; escutava-o com a fé pia de um coração amante. Sabendo que a razão do atual abatimento eram os infortúnios passados, ela confiava de si mesma o renovar aquela alma que envelhecera antes do tempo. Tais foram as suas consolações quando o médico terminou a longa confidência. Ele agradeceu-lhe comovido, não sem lhe perguntar se ela teria força bastante para concluir essa missão piedosa.

— Tenho — afirmou Lívia.

— É certo que me ressuscitaste — continuou o médico; — e se o futuro me guarda ainda alguns dias de felicidade sem mescla, a ti só os deverei, minha boa Lívia; tu só haverás feito o milagre. Mas...

— Mas? — repetiu a moça com impaciência.

— A obra não está completa — continuou Félix; — metade apenas. Fizeste brotar dentre as ruínas uma flor solitária, mas bela; única neste árido terreno do meu coração. Não basta; é preciso agora um raio que a anime e lhe conserve o perpétuo viço; essa é a confiança, não de uma hora, mas a de todos os dias, a que não falece nunca e nos restitui a serenidade dos primeiros tempos. Sem ela, o meu amor será um largo e inútil martírio.

Dizendo isto, conchegou-a ao seio; tocavam-se quase os rostos, que a ternura, não a voluptuosidade, enlanguescia. Não foi longo esse instante de mútua contemplação, mas valeu por muitas horas de prática. Se a vida pudesse ser eternamente aquilo, é provável que o coração de Félix adquirisse a paz que almejava. Enfim, a moça deixou cair o corpo, como se lhe debilitasse o peso de comoções tão vivas, e a palavra afluiu aos lábios de ambos.

Falaram então em prosa; conversaram de seus projetos de futuro, dos arranjos do casamento, de uma viagem que fariam logo depois. Iam levantar-se, quando ao longe lhes apareceu o irmão de Lívia. Caminhava apressadamente e alegre, ao encontro dos dois namorados. Félix compôs o rosto com a expressão que o caso pedia; Viana aproximou-se, e disse à irmã que o Coronel Morais estava na sala com a filha.

Lívia pediu licença ao médico e dirigiu-se para a casa. Félix deu o braço a Viana.

— Falávamos das suas reformas — disse ele —, e fazíamos prosaicamente o orçamento da despesa que vai ter.

Viana sorriu-se à socapa, mas não deixou cair o assunto no chão. Falou com volubilidade dos seus planos, que eram vastos e originais, concluindo por uma singela confissão, acompanhada de um olhar indagador.

— Receio — disse ele —, que a Lívia se case mais tarde ou mais cedo.

Félix limitou-se a sorrir com indiferença; entravam ambos na sala.

Capítulo 12
UM PONTO NEGRO

Lívia e Raquel estavam assentadas no sofá; o coronel, encostado a uma cadeira, consultava o relógio. Não consultava; tinha o relógio na mão, diante dos olhos, mas os olhos reviam-se na filha, enquanto esta respondia às perguntas da viúva.

— Aqui está a doente — disse Lívia, apenas viu assomar à porta da sala o médico e o irmão.

Raquel voltou a cabeça, e não pôde reter uma exclamação de surpresa e de alegria. Félix adiantou o passo e foi apertar-lhe a mão.

— Então? Não está salva? — disse ele, olhando alternadamente para as duas moças.

— Foi o senhor que a salvou — disse o coronel, chegando-se ao grupo.

— Não fui; auxiliei a natureza, nada mais.

— Havemos de pô-la totalmente boa e viva como era antes — disse Lívia dando um beijo na convalescente.

Raquel ouviu este diálogo com um sorriso triste que parecia ainda mais triste naqueles lábios sem cor. Estava extremamente pálida e magra; os olhos, agora que o fogo da febre se apagara neles, pareciam amortecidos e fundos. Ainda assim, não perdera ela a sua natural gentileza. Mais: a própria morbidez do aspecto como que lhe dava realce maior.

Talvez essa circunstância influísse na impressão que o médico agora recebia; pela primeira vez lhe pareceu Raquel uma mulher.

O coronel respirava felicidade por todos os poros. A alegria que perdera durante a moléstia da filha, voltava agora mais que nunca ruidosa e comunicativa. Era um velho palreiro e jovial, amigo da palestra e de anedotas, antes gracioso que chocarreiro, tendo aquela amável gravidade com que a gente se familiariza sem perder o respeito. De quando em quando olhava para a filha com olhos paternalmente namorados, então parecia esquecer-se do resto do mundo, porque o mundo inteiro, ao menos parte dele, que a outra parte lhe ficara em casa, estava ali resumida naquela franzina e alquebrada criatura.

— E promete-me que a restituirá — disse ele à viúva —, não corada, que ela nunca o foi, mas com aspecto de saúde, viva como era, e alegre, e até se quiser travessa?

— E por que não? Os ares são bons; os carinhos serão fraternais, e melhor que os ares e os carinhos, há de curá-la a natureza, e creio também que a boa vontade dela. Não é assim? — disse Lívia, batendo na face de Raquel.

A resposta de Raquel foi dar-lhe um beijo e sorrir, não já tristemente como da primeira vez. A tarde caíra de todo. O coronel fez algumas recomendações derradeiras à filha, agradeceu à viúva e ao médico, meteu-se no carro e voltou para Catumbi. Lívia foi mostrar à amiga o seu aposento; Félix despediu-se de ambas e dirigiu-se para a porta.

— Volta? — perguntou Lívia.

— Talvez não, minha senhora — respondeu Félix, cuja intenção positiva era ir lá tomar chá.

A presença de Raquel veio de algum modo alterar as relações dos dois namorados. Já não podiam ser frequentes as entrevistas solitárias em que ambos se esqueciam do mundo e de si. Mais que nunca, procurou Félix recatar o seu amor das vistas alheias, por modo que, apesar da convivência que tinha com os dois, Raquel nada suspeitou entre eles. Alguma coisa adivinharia se reparasse que a viúva, quando estava com ela, quase que só falava do médico; mas, como ela também não falava de outra pessoa, parecia-lhe que era antes a viúva quem a imitava.

Por esse tempo começou Meneses a frequentar a casa de Viana, com quem travara relações alguns meses antes. Félix fez a respeito dele um elogio sincero e merecido. O parasita acompanhou a boa opinião do médico com um entusiasmo que cheirava a bons jantares. O advogado correspondeu à expectação da viúva e não tardou que se tornasse familiar na casa.

Estava curado da sua malfadada paixão. Curado e vexado, dizia ele, quando Félix o interrogou a esse respeito.

— Estes amores são as lições da escola de meninos, — concluiu Meneses sorrindo. — Já saíste da primeira escola; por que não sobes de estudos?

A esta metáfora, um tanto rebuscada, respondeu Félix com um sorriso que podia confessar e negar ao mesmo tempo. Meneses, que não tinha nenhuma intenção oculta nas suas palavras, não se deu a averiguar qual das duas expressões convinha ao sorriso do amigo. As relações de ambos pareceram estreitar-se mais. Com um pouco mais de expansão e confiança, teria o médico referido ao amigo os seus amores e a sua felicidade próxima. Não o fez, nem Meneses o adivinhou. Teve suspeitas uma noite em que surpreendeu os olhos da viúva amorosamente cravados no médico, mas a indiferença com que este se levantou para ir gracejar com Raquel de todo o dissuadiu.

Os dias foram assim passando, longos para os dois amantes, breves para Meneses e Raquel, que achavam naquela casa a mais deliciosa companhia deste mundo.

Aqui podia acabar o romance muito natural e sacramentalmente casando-se estes dois pares de corações e indo desfrutar a sua lua-de-mel em algum canto ignorado dos homens. Mas para isso, leitor impaciente, era necessário que a filha do coronel e o Dr. Meneses se amassem, e eles não se amavam, nem se dispunham a isso. Uma das razões que desviavam da gentil menina os olhos de Meneses era que este os trazia namorados da viúva. De admiração ou de amor? Foi de admiração primeiro, e depois foi de amor; coisa de que nem ele, nem o autor do livro temos culpa. Que quer? Ela era formosa e moça, ele rapaz e amorável, e de mais a mais inexperiente ou cego, que não adivinhava a situação anterior da viúva e do médico, ainda por entre os véus com que a ocultavam.

Ao inverso de Félix, cujo espírito só engendrava receios e dúvidas, Meneses era antes de tudo propenso às fantasias cor-de-rosa. Irmanavam-se no ponto de serem joguetes de sua imaginação. Meneses facilmente entreviu um mundo de esperanças. A afabilidade com que a viúva o tratava pareceu-lhe auspiciosa; o mais inocente de todos os sorrisos servia-lhe de base a um castelo de vento; uma expressão qualquer, simples cortesia de sala, afigurava-se-lhe cheia de mil promessas de futuro. Nem futuro nem esperanças havia; havia a candura dele, que era botão de flor, ainda entrecerrado à corrupção da vida.

Tal era o contraste desses dois caracteres, que a estrela da viúva, não sei se boa ou má estrela, reuniu a seus pés. Um, se viesse a adorar um rosto hipócrita, desceria na escala das degradações, com os olhos fitos na quimera da sua felicidade; outro, ardendo pela mais angélica das criaturas humanas, quebraria com as próprias mãos a escada que o levaria ao Céu.

Félix percebeu, enfim, o que se passava no coração do amigo. Sua primeira impressão foi de cólera, não porque duvidasse logo da moça, mas por isso mesmo que outro homem se atrevia a amá-la.

E não havia perigo em tal situação? A simples pergunta era suficiente para dar largas ao espírito de Félix. Veio imediatamente a ideia de que à moça não fosse desagradável o amor de Meneses. A vaidade, primeiro, depois o hábito, enfim a curiosidade do coração, os levariam um para o outro. Talvez os houvessem levado já.

Aconteceu uma vez que, falando dela, a fisionomia de Meneses, de risonha que estava, se tornasse subitamente séria. Félix era mais hábil que ele, não lhe foi difícil sondar-lhe o coração. O amigo contou-lhe tudo, com o fervor que lhe era próprio, e a singeleza de um homem ainda pouco conversado nas coisas do mundo. O médico escutou-o com sofreguidão, mas aparentemente quieto.

— E esperanças? — disse ele.

— Poucas ou muitas; não sei bem o que seja. Há ocasiões em que tudo se me afigura fácil e decisivo; outras vezes desanimo e descreio de mim mesmo. Ela é afável comigo, mas também o é contigo e com os mais. Adivinharia já alguma coisa? Quero crer que sim, e visto que se não agasta, é bom sinal, penso eu. O pior de tudo é que eu me não atrevo a dizer-lhe o que sinto.

Uma só palavra bastava ao médico para arredar do seu caminho aquele rival nascente; Félix repeliu essa ideia, metade por cálculo, metade por orgulho, — mal-entendido orgulho, mas natural dele. O cálculo era coisa pior; era uma cilada, — experiência, dizia ele; — era pôr em frente uma da outra, duas almas que lhe pareciam, por assim dizer, consanguíneas, tentá-las a ambas, aquilatar assim a constância e a sinceridade de Lívia.

Assim pois, era ele o artífice do seu próprio infortúnio, com as suas mãos reunia os elementos do incêndio em que viria a arder, se não na realidade, ao menos na fantasia, porque o mal que não existisse depois, ele mesmo o tiraria do nada, para lhe dar vida e ação.

Meneses explicou ainda mais o estado de sua alma; não era amor violento que sentia, era afeição serena e branda; tranquila, mas irresistível fascinação. O médico, por um sentimento de pudor que lhe ficara, não animou abertamente as esperanças do amigo; entretanto, a sua palavra era tão alegre, o riso de tão boa feição, que o espírito de Meneses para logo sentiu reflorirem-lhe as esperanças, se é que elas haviam secado alguma vez.

Capítulo 13
CRISE

Lívia não percebeu logo o amor de Meneses; mas, era impossível que tarde ou cedo o não suspeitasse. Não se fingiu admirada quando ele lhe confiou depois de algum tempo de assiduidade nas Laranjeiras. Nem se admirou nem se irritou; além de não ser motivo para cólera, havia entre ambos, como Félix dissera um dia, certa conformidade de sentir e pensar, que de algum modo os vinculava.

A resposta que lhe deu foi certamente fria e decisiva, não desdenhosa nem severa. Quando viu porém a tristeza que lhe causou, esqueceu de todo as formalidades convencionais e necessárias; procurou suavizar as penas do moço. Tirou-lhe toda a esperança presente ou futura; não poderia amá-lo nunca. A amizade, porém, que lhe tinha, talvez o consolasse do desengano. Isso apenas; não devia simular um amor que não sentia nem acenar-lhe com uma felicidade que lhe não podia dar.

— Que me não pode dar! — repetiu Meneses, apegando-se ainda a uma esperança fugitiva; — e se eu esperar que algum dia soe a hora da felicidade que me nega? Nada depende de nós; os próprios movimentos do coração parecem nascer de mil circunstâncias fortuitas, se não é que os rege uma lei misteriosa, e essa... Quem sabe? Um dia, talvez, — ouso crê-lo, — um dia sentirá que a simpatia que lhe inspiro se transforma, e...

— Basta! — interrompeu Lívia em tom imperioso. Meneses calou-se; ela continuou: — O amor não é isso que o senhor diz; não nasce de uma circunstância fortuita, nem de uma longa intimidade, é uma harmonia entre duas naturezas, que se reconhecem e completam. Por mais semelhante que seja o nosso espírito, sinto que Deus não nos fez para que o amor nos unisse.

Meneses não estava para estas averiguações teóricas; é até duvidoso que prestasse atenção às últimas palavras da viúva. O quimérico edifício que tão laboriosamente construíra, via-o ele desfazer-se em fumo, e esta só impressão o dominava agora.

Decorreu algum tempo de completo e acanhado silêncio. Estavam encostados à janela que dava para o jardim. Meneses não ousava levantar os olhos para ela; não era só natural vexame da posição em que se achava, era também medo de contemplar ainda uma vez o bem que perdia. Lívia compreendia esse estado da alma do moço. Lastimava, quem sabe? não ser ele o escolhido do seu coração. Era o mais que lhe podia dar, e era muito. Enfim:

— Fiquemos amigos — disse ela. — A amizade lhe fará esquecer o amor; é mais serena que ele, e talvez menos exposta a perecer. Conheço que sou egoísta; peço-lhe uma coisa que só a mim aproveitará. Amigos, não lhe será difícil achá-los; eu não os acharia tão facilmente nem tais como o senhor.

Meneses tocou levemente na mão que ela lhe estendeu ao terminar estas palavras. O pedido que ela lhe fazia era mais afetuoso que judicioso; a um coração desenganado não há imediatamente compensações possíveis nem eficazes consolações. A bondade da viúva o comoveu todavia; ia agradecer-lhe, quando Raquel entrou na sala.

Raquel estacou. Ambos estavam acanhados. A viúva foi a primeira que rompeu o silêncio, chamando a filha do coronel. Que queria dizer o sorriso benévolo, mas sonso, que lhe pairava nos lábios? Não o viu Meneses que olhava para fora, mas viu-o a viúva e estremeceu.

Meneses não voltou lá durante uma semana; prolongaria a ausência, se o amor, fecundo de ilusões, lhe não houvesse enchido o peito de esperanças novas. Lívia tratou-o com a costumada afabilidade, talvez com afabilidade maior. Como a confiança de Félix não se havia alterado, Lívia usava assim uma dissimulação honesta, por simples motivo de piedade e gratidão. Estava no seu caráter esse modo de interpretar as coisas, e de as tratar assim sem grande respeito às conveniências sociais. Profanas, diria eu antes, se quisesse exprimir os verdadeiros sentimentos da viúva, que achava naquela obra de simpatia uma espécie de missão espiritual.

Às missionárias daquela espécie, se as há, desejo-lhes maior perspicácia ou mais feliz estrela. Nem a estrela nem a perspicácia da nossa heroína estavam acima do seu coração. O sentimento que a impelia era bom; o procedimento é que era errado. Ela não atentava nisso. Interrogava o rosto do médico, mais confiante e alegre que nunca, e só isto lhe bastava a seus olhos. Fossem eles menos namorados, e veriam que a tranquilidade de Félix era tão exagerada e fora dele, que não podia ser sincera.

A esses erros e ilusões, que podiam conter os elementos de um drama não remoto, veio juntar-se ainda a ilusão de Raquel. Esta aplaudia sinceramente os sentimentos que atribuía à viúva em relação a Meneses; o sorriso com que os surpreendera não queria dizer outra coisa. Fê-lo sentir um dia à viúva; a energia com que ela lhe respondeu mais a persuadiu ainda. Lívia quis então referir-lhe tudo, o verdadeiro objeto do seu amor e o seu próximo casamento; mas, posto que a idade não as separasse muito, Lívia considerava-a ainda criança e reprimiu o seu primeiro impulso.

Raquel ficou com as suas suspeitas.

Perdoemos agora à inexperiência da boa moça, — criança, como dizia a viúva — a leviandade com que insinuou ao médico as suspeitas que alimentava. Fê-lo por meio de alusão delicada e fina numa ocasião em que o pedia a conversa. O golpe foi profundo; a prova pareceu decisiva desta vez.

Raquel notou a impressão do médico. O sorriso inocente e brincão que lhe entreabria os lábios repentinamente se lhe apagou. Félix olhava para ela sem ver a mudança que se lhe havia operado. Viu-a enfim, mas não a entendeu. Tentou fazer-se galhofeiro como sempre fora com ela; conseguiu fazê-la sorrir.

Os dias que se seguiram a este foram de triste provação para a viúva. Sabemos já que o ciúme de Félix era às vezes ríspido. Nunca o fora mais que desta vez. Longas cartas trocaram ambos, amargas as dela, as dele friamente cruéis e chocarreiras. Félix não lhe disse logo a causa desta nova crise: adivinhou-a Lívia, e tudo lhe contou lealmente, sem lhe negar a boa intenção com que tratava o coração de Meneses. Era mostrar-se muito pouco mulher. Félix viu em tudo aquilo um tecido de absurdos.

O que lhe disse então foi o transunto das cartas que lhe escrevera. Grosseiro, irônico, incoerente, tudo isso foi nas palavras com que fulminou a pobre senhora.

Lívia não protestava. Quis interrompê-lo uma vez; quando ele acabou, nada achou que lhe merecesse resposta. Estavam na sala. Olhou assustada para todas as portas, deixou-se cair frouxamente numa cadeira e tapou o rosto com as mãos.

Félix deu um passo para ela; o movimento era bom, mas o arrependimento veio logo.

— Adeus! — disse ele.

A moça descobriu o rosto.

— Félix! — exclamou ela.

O médico parou alguns instantes. Lívia levantou-se e foi a ele arrebatadamente. Chegou a pegar-lhe numa das mãos, abatida e lacrimosa ia começar uma última súplica. Ele porém puxou a mão violentamente, olhou para ela, e depois de longo silêncio, repetiu:

— Adeus!

Capítulo 14
OU CAPÍTULO DO ACASO

Félix chegou a casa cheio de cólera e desespero. Entrou impetuoso na sala; como se precisasse de vingar em alguma coisa a suposta injúria, lançou mão do primeiro vaso que se lhe deparou e deitou-o ao chão. O vaso fez-se em estilhas.

— Que é isso? — disse uma voz estranha.

Félix estacou espantado; olhou para o vão de uma janela, donde viera a voz, e deu com a figura de Moreirinha, comodamente sentado, com um livro de gravuras aberto sobre os joelhos.

— Sou eu — disse o visitante, levantando-se e indo apertar a mão ao dono da casa. — Admira-se de me ver aqui? Tomei a liberdade de o esperar, a despeito das observações que me fez o seu criado.

Félix não pôde encobrir o desprazer que lhe causava a visita. Moreirinha leu-lhe isso claramente nos olhos, e continuou:

— Talvez não lhe seja agradável a minha presença, sobretudo porque me parece ter alguma que o molesta nesta ocasião; mas não podia ser de outro modo...

Félix levantou os ombros.

— E maior será ainda o seu desgosto — continuou Moreirinha —, quando souber que não lhe peço asilo só por uma hora, mas até amanhã.

Dizendo isto, estendeu-lhe a mão. Félix estendeu-lhe a sua, e friamente lhe disse que podia ficar o tempo que quisesse.

Quando o coração padece, não há maior importuno que um conversador indiferente e frívolo. Esta circunstância veio ainda azedar mais o espírito de Félix. A solidão lhe daria talvez um bálsamo salutar, se o havia para ele. O acaso deparou-lhe, entretanto, uma testemunha diante de quem lhe era forçoso aparentar a serenidade que não tinha.

O hóspede compreendeu a situação, e francamente lhe disse que o não queria perturbar; viera como asilado, não como visita; não tinha direito às atenções do dono da casa. Félix respondeu o melhor que pode a esta cortesia, que aliás o obrigava ainda mais. Não havendo meio de escapar, procurou ao menos ser igualmente cortês. Demais, Moreirinha não era tão importuno como pareceria, porque falava sempre, e não tinha o sestro dessa outra casta de importunos que interrompem a cada passo os discursos com perguntas... de boca e de gesto.

Não se demorou o hóspede em dizer a causa que o trouxera ali: era Cecília. Apesar da situação em que se achava, Félix não pôde deixar de lhe prestar atenção.

— Cecília? — perguntou ele.

— É verdade: é o meu mau anjo. Lembra-se dos elogios que lhe fiz dela? Eram sinceros, e eram também justos naquele tempo. Até então não havia encontrado docilidade igual. Não sou piegas, sabe; mas gosto de um episódio assim. Não sei que lhe fizeram à boa rapariga, que de todo mudou e veio a ser um verdadeiro diabo. Aquelas cadeias tão leves que nos prendiam um ao outro, e que eu chamava cadeias de rosas, tornaram-se de ferro pesado. Quero fugir-lhe e não posso; tenho tentado tudo para escapar-lhe, mas em vão. Escondo-me em casa, na casa dos amigos, nos hotéis; onde quer que esteja lá irá buscar-me, e então Deus sabe o que sofro. Hoje lembrou-me vir passar aqui o resto do dia e a noite com o senhor; estou certo de que não dará comigo.

Félix ouvira atentamente a exposição do Moreirinha, não sem achar alguma relação entre o estado dele e o seu. Moreirinha referiu então muitos episódios do que ele chamava sua escravidão.

— E não conhece nenhum meio de lhe escapar por uma vez?

— Nenhum; ainda quando eu pudesse sair da corte, estou certo de que ela iria buscar-me a bordo do navio ou à portinhola do carro que me levasse.

Tão notável mudança no caráter de Cecília não deixou de chamar a atenção de Félix. Compreendeu facilmente que era obra do próprio amante. A rola fizera-se gavião, pela única razão de que Moreirinha lhe dera ensejo de conhecer a própria força.

De abatimento em abatimento chegara Moreirinha à miserável posição atual. Não era ele homem de salutares reações nem de resignações filosóficas: era, sim, homem de fugir e adiar, — caráter feito de inércia e medo, maravilhosamente disposto para os desesperos inúteis e as capitulações vergonhosas.

— Mas, por que não sai da corte algum tempo? — disse Félix após alguns minutos. — Sempre há de haver meio de fugir...

Moreirinha refletiu um instante.

Parece que ficou faltando um pedaço do texto aqui abaixo

de tudo, não deixo de gostar dela, e se pudesse escapar-lhe durante trinta dias, ia no trigésimo primeiro procurá-la...

— A segunda razão... — interrompeu Félix, a quem parecia incomodar essa ingênua confissão.

— A segunda razão — respondeu Moreirinha com hesitação —, é que... não posso.

Félix desceu os olhos no vestuário do rapaz, e viu nele o comentário das palavras que acabava de ouvir. Elegância ainda havia, mas já pobre e rafada; os botins tinham sinais de longo serviço; o paletó aliás bem lançado, era de fazenda visivelmente inferior. Trazia luvas cor havana, mas ao olhar curioso de Félix não escapou a circunstância de que as pontas dos dedos já estavam assinaladas por uma leve pasta de cor preta, vestígio de aturado uso.

Não era preciso grande perspicácia para compreender que aquilo tudo era obra de Cecília. Nem ficaria longe da verossimilhança quem afiançasse que Moreirinha estava eternamente condenado ao capricho daquela mulher. Não tinha decerto o rapaz com que lhe satisfazer todas as vaidades e necessidades; ela incumbia-se de abrir outras verbas no orçamento da receita, mediante um bem combinado sistema de impostos.

Félix compreendeu tudo isso de relance, e procurou trazer o espírito de Moreirinha a ideias mais alegres, menos ainda por ele que por si.

Não foi coisa difícil. Ao espírito de Moreirinha repugnavam as preocupações graves. Aproveitou o ensejo que o médico lhe ofereceu e entrou a falar das coisas correntes do dia. Dos mil episódios da vida de certa classe, não havia gazeta melhor informada que o amante de Cecília. Os novos amores de uma, os arrufos de outra, o dito chistoso desta, a aventura daquela, tudo ele sabia em primeira mão. Não lhe perguntassem por estreias literárias nem crises políticas; mas a mobília com que Fulano presenteara a certa dama, a cela equívoca em que Sicrano chegara a beber *champagne* por uma botina, esse era domínio seu, desde que os amores de Cecília de todo o separaram da sociedade.

Isto não recreava nem interessava, mas enchia o tempo, e desde que estava obrigado a sofrer o hóspede, era melhor sofrê-lo assim.

Era impossível, entretanto, não volver o espírito à sua própria situação. De quando em quando o médico esquecia o narrador, e o seu pensamento ia esvoaçar em derredor da viúva. Foi numa dessas ocasiões que lhe chegou uma carta dela. Félix abriu-a sofregamente e leu-a duas vezes. Era longa; recapitulava a história daqueles últimos meses, e concluía fazendo um apelo à razão do médico. Adivinhava-se que a moça escrevera com lágrimas, mas já não havia o tom súplice com que em análogas ocasiões lhe pedia a reconciliação.

O tempo alguma obra havia já feito no espírito de Félix; a carta veio consumá-la. Félix não estava ainda certo da inocência da viúva, mas já estava certíssimo da brutalidade da sua explosão, e este reconhecimento era uma dor nova, quase tão profunda como a outra.

Seu primeiro impulso foi ir ter com Lívia; desistiu dele e preferiu escrever-lhe uma carta. Três vezes a começou, sem lograr chegar ao fim. Vacilava entre ser afetuoso ou severo; num caso lembrava-lhe a perfídia possível, noutro, a provável inocência; temia ser injusto ou ridículo. Como todos os caracteres indecisos, não achou mais recurso que uma inútil desesperação.

Anoitecera; Moreirinha estava mais alegre que nunca, e pagava a hospitalidade do médico com as suas galhofas costumadas. Não contava com Cecília, mas adivinhou que era ela quando ouviu parar um carro à porta.

— Estou perdido! — disse ele, desatando um longo suspiro.

Era ela.

Cansada de esperar que lhe levassem resposta do recado que dera, Cecília desceu do carro e entrou em casa. Ao chegar à porta relanceou os olhos pela sala, onde não viu desde logo o amante; Moreirinha metera-se no vão de uma janela. Félix olhou severamente para Cecília, como quem lhe estranhava a liberdade que tomara. Mas onde iam já as flores de antanho? A dócil rapariga de outro tempo tornara-se mulher desgarrada e solta. Caminhou afoitamente para o médico e estendendo-lhe a mão:

— Como estás, *mon vieux?* — disse com um risinho de mofa.

Nessa ocasião descobriu o amante, que parecia entretido em contar as estrelas. Foi a ele, e soltava já as primeiras palavras de uma veemente apóstrofe, quando Félix julgou prudente intervir a tempo de evitar um escândalo; reconciliou-os como pôde, e secamente os despediu.

Lívia estava à janela desconsolada e triste, enquanto Raquel, não menos triste que ela, executava no piano uma melodia adequada à situação de ambas. Não viera resposta do médico; a viúva sentia desvanecer-se-lhe a esperança de tantos meses, e com ela o futuro que tão perto se lhe afigurava. Estas eram as suas melancólicas reflexões, quando viu parar à porta de Félix um carro, descer uma mulher, entrar, sair depois com um homem e partirem ambos.

O golpe foi terrível e mais profundo que nunca. A viúva não temia decerto uma rival triunfante; mas via e sentia o desprezo do homem por quem tantas lágrimas chorara naquele dia. Se o médico lhe aparecesse então, ela reconheceria o seu engano, e a alegria de se sentir estimada lhe daria forças contra a dor de se ver ofendida. Félix não veio. Lívia mal pôde resistir à humilhação. Uma lágrima, — a última que lhe restava, — foi a única expressão do seu imenso desespero.

Capítulo 15
ENFANT TERRIBLE

No dia seguinte, logo cedo, Viana foi à casa do médico. Não ia almoçar com ele; ia convidá-lo para jantar.

— Faço anos hoje — disse o parasita —, e quisera ter à mesa alguns amigos, poucos. O senhor é dos primeiros, não pode faltar.

— Não faltarei — respondeu Félix.

Viana emitiu em seguida algumas ideias a respeito da maneira por que encarava um jantar de anos. Não devia compreender senão amigos íntimos, por ser festa do coração, alegria doméstica, em que tudo o que não falasse a língua da amizade seria estrangeiro ou talvez inimigo. Não bastava gosto para a escolha de tais amigos; era preciso jeito e sagacidade para discernir os que se prendiam pelo afeto dos que aderiam pelo costume. Esqueceu-lhe o principal; esqueceu-lhe dizer que, no seu ponto de vista, um jantar de anos era também um jantar a juros.

Félix aceitou o convite com sofreguidão; esperava um pretexto para voltar à casa de Lívia. Pungia-o ainda o ciúme, mas a irritação passara, e em lugar dela nascera o desejo de ver restabelecida a harmonia antiga, não por ato de vontade própria, mas por uma completa justificação da amada.

Com tais sentimentos saiu de casa. Lívia estava à janela quando o viu chegar; foi recebê-lo no patamar da escada que dava para o jardim. Apertou-lhe a mão, entre triste e risonha.

— Era eu que devia perdoar-lhe — disse; — mas seria ofender o seu orgulho.

— O meu orgulho? Perdoar-me? — repetiu Félix.

— Sim — disse ela fazendo um gesto afirmativo.

Leu-lhe Félix no rosto tão sincera tranquilidade, que esteve quase a aceitar a reconciliação. Hesitou algum tempo; deitou os olhos à sala, e viu atravessá-la na direção da escada a figura de Raquel. Então lembrou-lhe a semiconfidência que esta lhe fizera, e amargamente respondeu à viúva:

— Sejamos sérios.

Lívia empalideceu. Quis responder alguma coisa, e não pôde; Raquel estava com eles.

Pouco depois chegaram o coronel e D. Matilde; Meneses não tardou muito. Algumas pessoas mais completavam o pessoal da festa. A presença de estranhos constrangia a viúva e o médico; era forçoso ser alegre como os outros, e isso custava a ambos, mais ainda a ela que a ele.

O jantar passou sem novidade de vulto. As pilhérias do coronel e os brindes repetidos de Viana entretiveram a sociedade. Félix tentou seguir a corrente da alegria e logrou obtê-lo. Não reparava, — ainda mal! — que a fronte da viúva parecia entristecer-se mais; seus olhos procuravam antes os de Meneses que os dela. Meneses tinha os seus embebidos nela.

No fim do jantar Viana propôs que fossem conversar na chácara. Meneses pediu que a filha do coronel tocasse primeiro uma melodia que lhe ouvira alguns dias antes. Raquel consentiu. A melodia era extremamente melancólica, e Raquel tocava-a com alma. O tom da música influiu nos ânimos; não havia só o simples silêncio da atenção, mas o recolhimento da tristeza.

Em alguns dos convivas esta impressão era mais natural e foi mais pronta. O médico, entretanto, forcejava, não só por sacudir a estranha influência, como por afetar completa isenção de espírito.

Luís estava em pé diante dele, com os cotovelos fincados nos seus joelhos. Félix brincava-lhe com os cabelos, e ambos sorriam um para o outro, como se fossem os únicos estranhos à comoção geral.

Ora, no meio do absoluto silêncio da sala, apenas interrompido pelas notas soltas e magoadas que os dedos de Raquel tiravam do piano, o filhinho de Lívia fez esta singela pergunta ao médico:

— Por que é que o senhor não se casa com mamãe?

Lívia estremeceu. Raquel cessou de tocar e volveu rapidamente a cabeça para o grupo donde partira a voz. Dos outros convivas uns sorriam da inocente indiscrição do menino, outros observavam a viúva, ninguém reparava em Raquel.

A filha do coronel deixou imediatamente o piano. Viana lembrou então o passeio da chácara. Todos aceitaram o alvitre e saíram da sala. A espécie de acanhamento que a pergunta do menino deixara em todos, para logo desapareceu de alguns.

Lívia não saíra logo. A alguma distância repararam na falta dela, e Raquel propôs-se a ir buscá-la. Achou-a a abraçar e beijar o filho.

Conquanto ela fosse mãe extremosa, não havia razão imediata para aquela explosão de ternura. Raquel estacou sem compreender nada.

A viúva olhou para ela, conchegando o filho ao coração.

— Que queres? — perguntou.

Raquel não respondeu. A pouco e pouco se lhe ia alumiando o espírito. Olhou longo tempo para ela, como se à força quisesse arrancar-lhe a explicação, que o seu coração pressentia. Enfim, pareceu adivinhar tudo.

— Ama-o então? — perguntou ela com os lábios trêmulos.

— Creio que o amei — respondeu Lívia, baixando tristemente a cabeça.

Se o espírito de Raquel não fosse ainda o regaço da castidade, aquela confissão mentirosa da viúva, porque ela ainda amava, podia fazer-lhe nascer alguma desairosa suspeita. Mas Raquel não viu naquelas palavras mais do que um amor medroso e não compreendido. Sua eloquente resposta foi apertá-la nos braços.

Lívia apertou-a com força. Era a primeira vez que o acaso lhe deparava uma confidente. Alteava-se-lhe o seio, túmido de suspiros; duas lágrimas lhe romperam dos olhos e foram morrer na espádua de Raquel. O menino interrompeu essa doce efusão. Lívia respirou largamente, e beijando com ternura a moça, disse:

— Vamos.

Mas Raquel não se movia. Tinha os olhos postos nela, os lábios apertados, os braços pendentes. Lívia sacudiu-lhe brandamente os ombros.

— Que tens? — disse.

— Nada — suspirou Raquel.

Lívia estremeceu. Súbito relâmpago lhe atravessou as sombras do espírito. Interrogou-a de novo, mas foi em vão. Então sentiu em si todas as energias do seu temperamento, e com um grito, que a cólera abafava, exclamou:

— Ah! Tu o amas também!

Raquel não lhe respondeu. Se a viúva lhe houvera falado com brandura, é provável que lhe fizesse plena confissão de seus sentimentos. Mas, às palavras coléricas de Lívia, a pobre moça começou a tremer.

— Tu o amas também! — repetiu Lívia, com voz surda e concentrada.

Raquel curvou o corpo, pôs as mãos em atitude de súplica, e murmurou com voz trêmula:

— Perdão!

Pairou nos lábios da viúva um sorriso sarcástico. Raquel repetiu ainda muitas vezes a palavra *perdão;* mas a única resposta da sua rival foi pegar-lhe do braço e indicar-lhe a porta.

— Vai ter com ele! — exclamou.

Depois saiu arrebatada da sala. Raquel, magoada pela violência do gesto da viúva, acompanhou-a com o olhar até à porta. Os olhos da corça ofendida não chamejavam ódio contra a leoa irritada.

Capítulo 16
RAQUEL

Quando Raquel ficou só, atirou-se ao sofá, trêmula, fria, com os olhos secos, sem compreender bem aquele drama íntimo, mas sentindo-lhe já algum terrível desenlace. O que ela via claro é que a outra amava o mesmo homem, e com tal força que cedera a um impulso de cólera, tão contrário aos seus hábitos de brandura.

As reflexões de Raquel não passaram daí. Nem todas as almas podem encarar as grandes crises. Quer-se um espírito robusto para estas situações complexas. Raquel ficou simplesmente atônita e abatida.

Na chácara foi notada a ausência das duas. Viana deixou os hóspedes e foi à sala.

— Que faz aqui? — perguntou ele à filha do coronel.

Raquel ficara perturbada com a presença de Viana, e ainda mais com a pergunta. Enfim, balbuciou uma resposta infantil.

— Estava pensando numa coisa — disse ela.

— Onde está Lívia? — perguntou Viana, sem atender à resposta da moça nem ao sorriso forçado que lhe entreabria os lábios.

— Creio que está incomodada; foi para dentro.

— Coisa de cuidado?

— Parece que não.

Viana deu duas voltas na sala e saiu para a chácara, pedindo à moça que lá se fosse reunir aos outros.

Félix, entretanto, viera até o jardim, que ficava em frente da casa. Mal havia dado alguns passos, quando viu encostada à porta da sala a filha do coronel, com os olhos postos no céu, acaso pedindo a Deus que lhe estendesse a mão para subir até lá. Era sol posto, hora de melancolia; tudo ali em volta assumia a cor pardacenta e luminosa dos últimos instantes da tarde.

Félix caminhou cautelosamente para a casa, subiu por um dos lanços da escada, e surpreendeu a moça, dizendo-lhe:

— Está linda assim; mas nós precisamos vê-la cá fora.

Raquel retraiu o corpo sem ousar dizer uma só palavra. Félix estendeu-lhe a mão, convidando-a a descer. A moça entrou para dentro; o médico deu ainda um passo, mas ela, fazendo um gesto suplicante, disse com voz aflita:

— Pelo amor de Deus, saia!

Félix não resistiu; desceu ao jardim e caminhou para a chácara a reunir-se às outras pessoas. Em vão buscava conjeturar a causa daquela súplica. Era impossível conciliar o procedimento de Raquel com a familiaridade e a confiança que entre ambos havia. A razão da diferença devia ser grave. Mas qual seria ela?

Os convidados retiraram-se cedo. Meneses e Félix foram os últimos que saíram, ao lado um do outro, ambos entregues a reflexões diversas, porque Félix pensava nas palavras de Raquel, Meneses na pergunta do menino.

A filha do coronel desceu ao jardim. Era noite fechada. Sentou-se num banquinho, e ali ficou em triste meditação. A pobre moça tremia de susto, de incerteza, de apreensão. Não ousava encontrar os olhos de Lívia; tinha-lhe medo, medo pueril, escusado, sem razão, mas enfim medo, e nada havia que tranquilizasse a sua alma franzina e pusilânime.

Como benefício celeste, entraram-lhe a correr as lágrimas, até então retidas pela presença de estranhos. Ninguém as viu, que a noite era fechada e o sítio ermo; mas a aura estiva, que começava a bafejar a folhagem ressequida do sol, acaso lhe ouviu os soluços, acaso os levou ao seio de Deus. Veio então, de influxo divino, uma doce consolação às suas mágoas solitárias.

Não ousando voltar para dentro, determinou esperar ali o irmão da viúva, que fora acompanhar um amigo da vizinhança. Pedir-lhe-ia então para a levar no dia seguinte à casa de seus pais. Não hesitava entre a ternura deles e o ódio de Lívia.

Assim refletia ela, quando sentiu passos no jardim. Voltou-se; era a viúva.

— Ah! — exclamou Raquel, levantando-se, trêmula e assustada; pelo amor de Deus! Eu não lhe fiz mal nenhum!

Lívia acercou-se de Raquel; travou-lhe brandamente das mãos, apesar do esforço com que ela buscava esquivar-se, e disse:

— Que mal me farias tu, criança? A culpada sou eu; sou eu que te peço perdão, porque fui cruel e injusta, e cedi ao egoísmo do meu coração... Perdoa-me!

— Perdoo-lhe tudo! — respondeu Raquel.

Caíram nos braços uma da outra. Jamais duas rivais se estreitaram mais sinceramente amigas do que essas duas. Largos minutos correram sem que nenhuma delas falasse; refletiam talvez, talvez não pudessem vencer o acanhamento da sua posição. Lívia foi a primeira que rompeu o silêncio:

— Como é que vieste a amá-lo? — perguntou ela.

— Não sei — respondeu ingenuamente Raquel; — nasceu-me o amor sem que eu reparasse nele. Nem sei se nasceria; creio que foi apenas transformação, porque eu de pequena me acostumei a admirá-lo. Foi talvez a admiração que se fez amor quando eu cresci.

— Nunca lhe deste a entender?

— Oh! nunca.

— E ele?

— Percebi que me queria. Brincava comigo, como quando eu era criança: nada mais.

— E resignavas-te à sorte?

— Que poderia fazer senão isso? Alguma esperança tive nestes últimos tempos; em que a fundava, não sei; talvez na circunstância de nos vermos mais a miúdo. Enganava-me; penso que não nasci para ser feliz.

— Quem sabe? — disse a viúva. — Nem sempre o nosso coração acerta; pode ser que mais tarde te apareça outro a quem ames do mesmo modo...

— Do mesmo modo? — interrompeu Raquel com surpresa.

Lívia pegou-lhe nas mãos.

— Não te parece que assim seja? — perguntou.

— Oh! Não. Chame-me criança, se lhe parece; a senhora há de saber mais do que eu, naturalmente; mas o meu coração me diz que eu não poderia amar a ninguém mais.

— A ninguém mais! — murmurou a viúva, amargamente. — Concentraste então toda a seiva do teu coração, neste amor silencioso e quimérico? Não digas isso; amarás mais tarde a outro que te amará também, e serás feliz, creio eu. Murchará esta primeira flor do teu coração, mas, há seiva nele para dar vida a outra flor, tão bela talvez, e com certeza mais afortunada. O contrário, Raquel, seria injustiça de Deus. O amor é a lei da vida, a razão única da existência. Encher de uma só vez a alma, sem que ninguém lhe beba o licor divino, e regressar ao Céu sem ter conhecido a felicidade na Terra, nem o quererá Deus, nem o temerás tu. Falas pela boca da tua amargura de hoje; espera a ação do tempo, que é bom amigo.

Raquel meditava. Era a primeira vez que ela ouvia falar daquele modo em coisas do coração. A linguagem da viúva servia-lhe a um tempo de consolação e de luz.

Lívia falou ainda muito tempo, sem preconceito nem reserva; não falou como rival, senão como amiga e mãe. Não reparava sequer que lhe dava armas contra si. Falaria talvez de outro modo se se considerasse feliz; mas, como a situação de ambas era igual, ela entornou na alma de Raquel todo o sentimento de que a sua alma estava cheia, e foi eloquente, porque foi sincera.

— Sim — disse Raquel, quando ela acabou; — compreendo tudo isso que me está dizendo. A senhora sabe amar... E ainda o ama, não?

Lívia calou-se.

— Que lhe custa dizer? — insistiu a donzela.

— Custa-me lágrimas. Eu não te poderia explicar nunca este sentimento que me nasceu como erva ruim para me envenenar a existência, e que eu tanto tempo supus que seria a coroa de minha vida... Não te quero enfadar, que são tristezas para isso.

— Mas então ele? — aventurou Raquel.

— Não me perguntes mais; afirmo-te só que o amei, que talvez tornasse a amá-lo...

— E que ainda o ama — concluiu a rival.

Lívia esteve calada alguns instantes, procurando ler-lhe no rosto, apesar das sombras da noite, as impressões que lhe iriam na alma.

— Não! Já o não amo! — disse a viúva com esforço.

Seguiu-se um longo silêncio.

— E se o amasse — disse enfim Lívia — , que farias tu?

— Nada! — respondeu resolutamente Raquel.

— Deveras, nada?

— Pediria a Deus que a fizesse feliz, e estou certa que Deus me ouviria.

— Era capaz disso? — perguntou a viúva, segurando-lhe nos pulsos e fitando lhe os olhos em cheio.

— Era — respondeu ingenuamente a donzela.

Lívia não disse palavra. Se das comoções da sua alma algum vestígio lhe subiu ao rosto, disfarçou-o a noite às vistas de Raquel. Ambas ficaram pensativas algum tempo. Uma forte rajada fê-las estremecer. Era sinal de chuva próxima; nuvens negras começavam a povoar o céu. As duas recolheram-se a casa.

— Vales mais do que eu — dizia a viúva entrando com Raquel na sala. —Eu sou apenas egoísta; egoísta e nada mais. Guarda essas flores evangélicas do sacrifício, do perdão e do amor. São raras; e por isso é que és um anjo.

Foi diferente a noite que ambas passaram.

Raquel estava mais tranquila depois da conversa no jardim; mas, que destino teria a flor de sua alma, lírio transformado em goivo, vivido de lágrimas, medrado no silêncio? Não lhe apeteciam lutas. Faltavam-lhe as armas de combate: — a astúcia ou a energia; faltava-lhe principalmente o desejo de despertar um coração que sabia não ser seu.

Mas esse coração possuía-o acaso Lívia? Parecia-lhe que não; o mistério, porém, a reticência, a indecisão das palavras da rival, tudo se lhe afigurava cobrir um drama que ela não compreendia nem conjeturava.

No ânimo de Lívia outras foram as preocupações. Para ela, a situação era mais clara. Sentia desvanecer-se o amor de Félix, e via surgir uma rival perigosa. Tinha medo da ignorância de Raquel; receava que a inocência dessa alma ainda em flor pudesse dominar o espírito rebelde de Félix; e tal seria a catástrofe das suas esperanças.

E quando todas essas sombras lhe povoavam o espírito, e o coração lhe pulsava com mais força, perguntava-lhe a consciência se lhe era lícito opor algum obstáculo à felicidade da donzela, dado que esta vencesse o coração do seu noivo.

Lívia não dormiu a noite toda. No dia seguinte, apenas a claridade da manhã lhe entrou no quarto, a viúva levantou-se, vestiu à pressa um roupão, e foi ao quarto de Raquel.

A filha do coronel dormia profundamente. Repousava de suas longas reflexões. Lívia abriu o cortinado muito ao de leve, contemplou-lhe o rosto sereno e risonho, os olhos cerrados, e os lábios semiabertos como se em sonhos murmurasse palavras de amor. Os cabelos esparsos lhe serviam de resplendor à sua cabeça angélica.

— Não! pensava Lívia, o amor não dorme assim tranquilo em dias de infortúnio e desespero. Criança inconsciente que te supões alar às regiões do sol, que sabes tu dos precipícios da viagem, que conheces tu das voragens do coração?

— Ah! Estava aqui! — exclamou Raquel acordando; — ainda bem!

— Por quê?

— Sonhei que morria, e que era recebida no Céu. Fora bom morrer assim; mas eu sempre tinha pena de deixar a Terra. Acordou hoje muito cedo.

— Queria dar um passeio — disse Lívia indo abrir a janela —, mas a manhã já está quente.

Raquel olhou para ela; viu-lhe os olhos pisados e o rosto desfeito. Compreendeu que não havia dormido, e que chorara.

— Ama-o então muito? perguntou ela a si mesma.

Capítulo 17
SACRIFÍCIO

A situação das duas moças demandava um termo. Raquel foi a primeira que resolveu deixar completamente o campo; tinha no seu restabelecimento uma excelente razão para regressar a casa.

Lívia compreendeu a intenção da amiga quando esta lhe comunicou a sua resolução. Era tão simples e tocante o sacrifício, que a viúva não resistiu a um impulso generoso. Respondeu-lhe com um beijo. O beijo era de admiração; Raquel acreditou fosse de agradecimento, e sorriu com tristeza.

Ficou assentado que Raquel iria no domingo próximo, e nesse sentido foi avisado o coronel.

Estavam ainda no dia seguinte ao do episódio do menino. Nenhuma das suas circunstâncias esquecera ao médico. A esquivança de Raquel continuava a preocupar-lhe o espírito, não menos que a infundada suspeita que nutria a respeito da viúva. Era meado do mês de dezembro. A data do casamento estava próxima. Tudo exigia um desenlace a tempo.

Não tardou que o médico descobrisse os sentimentos que a filha do coronel nutria a seu respeito. Surpreendeu-a perto de uma janela interior, a beijar uma página de um álbum de retratos. Aproximou-se cauteloso, lançou os olhos à página e viu nela o seu próprio retrato.

A descoberta fê-lo sorrir. Seria aquilo a razão da mudança que notara nela? Nesse caso sabia já da afeição que o ligava à viúva, talvez do projetado casamento. Era possível também que a volta dela à casa de seus pais não tivesse outro motivo.

Por mais isento que seja o espírito de um homem, é raro que o não lisonjeie uma afeição assim, medrosa e silenciosa, nascida e vivida na soledade da alma. Félix sentiu primeiro essa impressão de egoísmo. Veio depois outro sentimento melhor, — o de uma respeitosa admiração. Seu pensamento entrou a conjeturar a data daquele singular amor; à proporção que se internava nos dias do passado, ia combinando uma série de episódios esparsos, aparentemente vagos, agora significativos e eloquentes. Não era recente a afeição dela; era talvez anterior à sua enfermidade.

Chegara o sábado, véspera da partida de Raquel. Era de noite. Félix estava em casa da viúva, e ambos, e Raquel, e até Viana todos pareciam preocupados e tristes. O médico olhava para a filha do coronel, sem reparar que os olhos de Lívia seguiam os seus e como que buscavam ler por eles os sentimentos do coração.

Raquel esquivava-se às atenções do médico. Em certa ocasião, porém, — achando-se Félix mais afastado, — aproximou-se dele com um livro.

— Já leu este romance? — perguntou ela.

— Deixe ver — disse Félix, convidando-a com um gesto a sentar-se.

Raquel não se sentou; estendeu-lhe o livro, e olhou com insistência para o médico.

Félix pegou no livro e consultou a primeira página; ia voltar distraidamente a segunda, quando lhe caiu nos joelhos um papelinho dobrado. Raquel voltou assustada a cabeça para o lado de Lívia, que de pé, junto do piano, tirava notas soltas do teclado, sem olhar para o grupo. Raquel fez ao médico um sinal de silêncio e afastou-se dele. Félix guardou o papel no bolso.

— Quase uma criança! ia ele pensando, quando se retirava para casa depois do chá.

Quando ali chegou, não se deu ao trabalho de tirar o chapéu. Abriu a carta logo na sala.

Dizia a carta:

"Pela memória de sua mãe, não seja cruel! Lívia ama-o muito. Não a faça morrer, que seria um pecado!"

Félix esfregou os olhos e releu o bilhete.

Não havia negá-lo; a letra era de Raquel e o conteúdo era uma súplica a favor da rival. Não sorria o médico; estava atônito. A verdade, tão inverossímil desta vez, metia-se-lhe pelos olhos, singela, eloquente, espontânea. Espontânea seria? Félix fez essa pergunta a si mesmo, e afirmativamente lhe respondeu; não atribuía à viúva tamanha influência, nem à donzela tamanha submissão, que uma inspirasse e a outra escrevesse aquela carta. A coisa pareceu-lhe o que realmente era: um sacrifício de Raquel.

Félix não era homem de grandes expansões; mas, se Raquel estivesse diante dele naquela ocasião, era capaz de cair-lhe aos pés. Abafar uma afeição silenciosa, a primeira talvez, para pedir a felicidade de outra mulher, era abnegação rara, que o surpreendia.

A ação de Raquel fez-lhe esquecer por algum tempo a viúva, objeto da carta que acabava de ler. Raquel não afirmaria tão claramente os sentimentos da amiga, se não tivesse plena certeza deles. Como conciliaria, entretanto, a afirmação de hoje com a suspeita de ontem? A mesma Raquel lhe insinuara diversa inclinação da viúva. Naturalmente reconhecera o contrário. A ideia da reabilitação de Lívia para logo dominou o espírito de Félix. Seu amor existia no mesmo estado de força e viço; fácil de desmaiar, não era menos fácil de se restabelecer. No dia seguinte parecia desfeita a nuvem que por alguns dias o abafara.

Foi à casa da viúva; era uma hora da tarde. Tinha curiosidade de encarar a filha do coronel. Achou-a tão alegre e travessa como era dantes. Era assim aparentemente; os olhos estranhos não viam a mágoa interior e encoberta que lhe roía o coração. Seu infortúnio tinha pudor.

Ao médico era impossível encobrir esse estado. A tocante generosidade da moca fez-lhe bem ao coração. Teve ele a delicadeza de não tratar a viúva por modo que magoasse a donzela; mas, tão outro se mostrava do que fora até então, que a viúva não pôde resistir-lhe, e aquele dia foi muito menos triste que os outros.

As travessuras de Luís faziam coro com as de Raquel. A porta da sala estava aberta. Luís desceu os degraus que comunicavam da sala com o jardim, na ocasião em que Lívia fechava uma pulseira de Raquel. Quando a viúva deu por falta do filho, correu à porta. O menino corria na direção da porta da rua. A mãe desceu atrás dele.

Raquel ia descer também; Félix pegou-lhe na mão. A moça estremeceu toda; afoguearam-se-lhe as faces, e ela balbuciou:

— Leu a minha carta?

— Li — respondeu Félix, cravando nela um olhar que era a um tempo de simpatia e de pena. — Li, e não sei se deva crer o que lá me diz.

— É a verdade.

— Mas então supõe...

— Que ela o ama; afirmo-lhe.

— E que eu a amo também? — perguntou com hesitação.

— Isso... creio — assentiu Raquel, abaixando os olhos.

Félix calou-se. Decorreram dois ou três minutos de silêncio. Raquel continha com dificuldade os movimentos do coração. Preferia estar a cem léguas dali, mas lembrava-se da outra e isso lhe dava ânimo.

O médico foi o primeiro que falou:

— Como sabe que ela me ama?

— Sei — respondeu Raquel sorrindo com afetação —, e é quanto basta. Demais, nenhuma moça escreveria semelhante carta a um homem se não tivesse certeza do que afirmava. Só lhe peço uma coisa: destrua essa carta. Nada vale, mas eu não quisera que a conservasse.

Lívia aproximava-se; sentiram passos na escada de pedra. Raquel correu à porta, enquanto Félix tirava a carteira do bolso, e procurava o bilhete de Raquel. Foi nessa ocasião que o coronel e a esposa chegaram. As duas moças desceram a recebê-los. Félix desceu também, e caminhou a alguns passos de distância, com o coração dividido entre o amor de Lívia e a admiração de Raquel.

Os pais da moça jantaram nas Laranjeiras. Lívia acompanhou depois toda a família à cidade. Na ocasião de se despedir do médico, a filha do coronel sentiu que as forças lhe iam faltando. Reagiu, porém, sobre si mesma, e sem olhar para ele, estendeu-lhe a mão, que o médico respeitosamente apertou. Ao voltar-lhe as costas, um suspiro lhe saiu do peito; partira-se o último vínculo da esperança.

Capítulo 18
RENOVAÇÃO

Lívia não ignorou muito tempo a existência da carta de Raquel. Félix mostrou-a no dia seguinte, desejoso de saber como havia nascido no espírito da moça a convicção tão generosamente afirmada.

— Contei-lhe tudo — disse a viúva —, quando supunha que tudo estivesse morto no teu coração. Ela condoeu-se de mim, e vejo agora que não era sentimento estéril o que me revelara. Pobre Raquel!

— Esta carta foi excelente consolação, Lívia, porque eu sentia uma dúvida cruel a teu respeito... Mas a que propósito lhe falaste?

Lívia hesitou alguns instantes. Ou melhor, reprimiu o seu primeiro impulso, que foi referir ao médico o amor e a confissão de Raquel. Estaria no seu caráter se o fizesse; mas um vislumbre de reflexão atalhou essa confidência prestes a subir-lhe aos lábios. Recearia que a notícia de um amor tão generoso o desviasse dela? Pode ser. A explicação que lhe deu foi breve.

— Já lhe disse — respondeu a moça; — confiei-lhe a causa das minhas mágoas, num dia em que mostrava condoer-se de mim. Se errei, a culpa é sua.

Félix não insistiu. Pela sua parte, deixou também de referir a razão da recente frieza nas suas relações com ela. A viúva, que o sabia, achou mais acertado não lhe falar nisso.

Tantas vezes apagada no céu, reaparecia enfim a estrela da felicidade, e para sempre? Era caso de dúvida, à vista do passado; mas a credulidade da viúva estava acima da sua experiência. A ternura de Félix nunca fora mais espontânea e viva do que então. O coração como que se lhe renovara. O sacrifício de Raquel não era estranho a essa reação, que fazia reviver todas as esperanças da amada.

A alegria tornou a florir no rosto e no peito da viúva. Ela possuía a memória da felicidade, não a das tristezas. O que eram reminiscências de infortúnio apagaram-se com o tempo; a serenidade dos primeiros dias foi só o que lhe ficou.

Houve em certa ocasião uma leve nuvem passageira; foi a presença de Meneses, que ainda frequentava a casa da viúva. A maneira por que Félix recebera o amigo fez compreender à moça que no coração dele havia ainda um travo de amargura. Não lhe foi difícil extingui-lo de todo. Referiu-lhe ingenuamente tudo o que se passara entre ela e Meneses, a branda austeridade com que respondera às suas declarações amorosas, enfim o procedimento honesto do rapaz.

Félix abanou a cabeça.

— Censuras-me? — inquiriu a moça.

— Não — afirmou o médico. — Lastimo-te.

— A intenção era boa.

— Seria; mas a vida não é fábrica de sentimentos; não se vive como se romanceia. Ímpetos de generosidade são muito bons, quando se não corre perigo nenhum. Quem te afiançava a honestidade desse moço?

— Oh! Adivinha-se!... Queres uma prova? Ele não voltará cá.

— Por quê?

— Creio que percebeu tudo.

O médico ficou algum tempo pensativo. Duas vezes tentou falar e conteve-se. Enfim disse:

— Não é preciso perceber aquilo de que há de ter certeza amanhã. Casamo-nos na segunda semana de janeiro. A notícia será pública desde já.

Félix esperava um movimento expansivo da viúva, ao ouvir esta declaração. Lívia não se alterou; apenas empalideceu.

— Tens razão — disse Félix, depois de olhar para ela algum tempo; — eu não tenho direito a mais. Tantas vezes te iludi, que é legítimo o teu receio.

No dia seguinte fez o médico oficialmente o seu pedido na presença de Viana, que abraçou com entusiasmo o futuro cunhado.

— Isto devia acabar assim mesmo — disse ele; — há muito que eu previa e desejava o casamento. Nasceram um para o outro; estão na força da idade; não podia haver melhor união. Pela minha parte desistirei até, se for preciso, da viagem que o senhor me prometeu. Lembra-se? Não faz mal. O que eu quero é vê-los felizes. Eu logo vi que tramavam alguma coisa, mas gabo-lhes a habilidade. Dê-me outro abraço, doutor.

Félix prestou-se às expansões do parasita. Lívia contemplava o noivo com adoração. Para ambos eles o mundo inteiro havia desaparecido. Inteiro não; Viana fez casualmente alusão a Raquel, e essa intempestiva recordação entristeceu a moça. Ela via que a sua felicidade era causa da desventura da amiga, e agora que a tinha quase realizada, sentia morder-lhe um piedoso remorso.

Adiantaram-se os preparativos do casamento. Lívia pediu ao médico a supressão de todo aparato, para não ferir o coração de Raquel, pensava ela. A publicidade seria apenas a necessária. Não contava com o irmão, que se encarregou de dar ao consórcio proporções de acontecimento.

A notícia foi referida por ele na Rua do Ouvidor, esquina da Rua Direita. Daí a dez minutos chegara à Rua da Quitanda. Tão depressa correu, que um quarto de hora depois era assunto de conversa na esquina da Rua dos Ourives. Uma hora bastou para percorrer toda a extensão da nossa principal via pública. Dali espalhou-se em toda a cidade.

Foi geral o espanto. Ninguém acreditava que Félix se determinasse ao casamento. Falava-se, é verdade, no namoro; mas, além de ser boato sem importância nem generalidade, alguns não atribuíam ao médico mais do que a intenção de um passatempo, ao passo que outros davam às relações entre ele e a viúva um caráter absolutamente íntimo, sem nenhuma aspiração de legalidade.

A convicção entrou enfim no espírito público. Moreirinha atribuía o caso a um desconcerto cerebral do médico. O Dr. Luís Batista não deu opinião; parecia-lhe indiferente o casamento da viúva.

Raquel recebeu a notícia sem admiração, mas com mágoa. Esperanças não as tinha já; o mal que nos não espanta não nos dói contudo menos por isso. Quem lhe deu a notícia foi Meneses, que a recebeu com filosófica resignação. O amor deste tinha-se convertido numa espécie de adoração religiosa. Achava na mulher amada todas as qualidades que podiam seduzir um homem como ele. Havia, além disso, aquele vínculo simpático de duas criaturas que viviam mais da imaginação que da vida prática. A recusa de Lívia não rompera, transformara as cadeias que o prendiam a ela.

Não acontecia o mesmo a Raquel, e esta circunstância não escapou ao rapaz, que habilmente a interrogou, e adivinhou tudo. Meneses sacudiu lentamente a cabeça, mas não lhe disse palavra. Apenas pensou consigo que, se o acaso ou a providência houvesse disposto as coisas de outro modo, ambos eles podiam ser felizes.

Meneses repeliu a ideia de fazer confidências à filha do coronel; tanto, porém, lhe falou da viúva, que a outra alguma coisa desconfiou. Sabedores, enfim, do que padeciam interiormente, a comum desventura os vinculou de algum modo. Como as relações eram antes corteses que familiares, nenhum deles falou com a efusão que lhes pedia o sentimento; adivinharam-se, o que era muito, e apiedavam-se um do outro, o que era quase tudo.

Capítulo 19
A PORTA DO CÉU

Dois dias antes do casamento, Lívia foi jantar à casa do coronel, a convite deste, que reunira algumas pessoas de amizade. Félix não compareceu, apesar de instantemente chamado; cedera a um sentimento de delicadeza, não querendo mortificar com a sua presença a filho do coronel, nem perturbar de algum modo o espírito da viúva.

A primeira ideia de Lívia foi não aceder ao convite, a fim de não afrontar a dor de Raquel. Instaram tanto os pais da moça que lhe foi impossível recusar.

As duas moças encararam-se comovidas; a diferença era que Raquel pôde ocultar melhor o seu abalo do que a viúva. Essa vitória da donzela sobre si mesma fez redobrar a admiração da rival. Entendeu-lhe a delicada intenção, e agradeceu-lhe na primeira ocasião que se lhe deparou.

— Sei tudo — acrescentou Lívia; — sei da tua carta, que foi a chave com que de novo se me abriram as portas da fortuna. Eu não sei se poderia ser tão heroica como tu. Separa-nos o destino; deixa-me beijar-te as mãos.

O gesto acompanhou estas palavras: Raquel recusou ceder ao desejo da viúva.

— Seja feliz! — murmurou ela.

Tais foram as últimas palavras que houve entre ambas. Quando a viúva saiu, trocaram um beijo a que não se podiam recusar, e que da parte de Raquel foi muito menos espontâneo que da outra. Lívia o sentiu e sinceramente lhe perdoou.

Ao entrar no carro, com o irmão, a viúva ia desconsolada e triste. Seu coração sabia amar, e a ideia de que a sua felicidade custaria lágrimas a alguém, fundamente lhe doía.

— Por que razão, pensava ela, me há de lançar a Providência esta gota amarga na taça das minhas delícias? Se eu ao menos o ignorasse... a minha felicidade não seria travada de remorsos... Felicidade? continuou ela dirigindo o pensamento a uma nova ordem de ideias; será deveras felicidade? O sonho, tantas vezes dissipado, realizar-se-á, enfim?... Há quase um ano que eu pus toda a minha existência nesta vaga probabilidade; está próximo o termo, não sei que sorte avessa me repele para longe. Não a mereço talvez, ou então ambiciono demais... Chamam-me bela; devia talvez contentar-me com ser admirada...

Neste ponto foi a moça interrompida por uma observação banal do irmão, que tinha um termômetro infalível nos pés e anunciou que havia trovoada iminente. A irmã olhou silenciosamente para ele, e admirou consigo mesma a ventura daqueles para quem as tempestades do ar importam mais que as tempestades da vida. Viana faria provavelmente a reflexão inversa se adivinhasse as preocupações da irmã.

Quando chegaram às Laranjeiras, acharam Félix na sala, conversando infantilmente com o filho de Lívia, que lhe pedia a explicação do mecanismo do relógio. Félix aplicava todos os recursos da imaginação para satisfazer a curiosidade do menino. Como ouvisse parar um carro, e logo depois rumor de passos no jardim, o médico disse ao menino que a mamãe estava aí, e aproveitou a ocasião para lhe anunciar que ia casar com ela.

Ao ouvir esta notícia, o menino subiu aos joelhos do médico, e perguntou alegremente se era verdade o que dizia.

— Sim, é verdade — repetiu Félix.

— O senhor casa com mamãe?

— Caso, já disse.

Neste momento assomou à porta a figura de Lívia. O menino desceu dos joelhos de Félix e correu a abraçar a mãe.

— É verdade que mamãe casa com o Doutor Félix? — disse ele, depois de receber um beijo da viúva.

— É, meu filho — respondeu esta, entrando e estendendo a mão ao médico.

A presença de Félix e a alegria de Luís mudaram o curso às reflexões da moça. Cinco minutos bastaram para fazer esquecer a tristeza própria e o infortúnio da rival abatida. Raquel verteria naquela ocasião, no silêncio da sua alcova, uma lágrima de saudade? Nenhum deles pensou nisso, nem a viúva, a quem ela tão generosamente servira, nem Félix que era o objeto daquelas dores solitárias.

Félix estava mais jovial que nunca. Perdera de todo as maneiras friamente polidas; tornara-se expansivo, gárrulo, terno, quase infantil. O coração parecia-lhe cheio do presente e do futuro. Não era só a situação que explicava esta mudança; era também a volubilidade do espírito.

A viúva lia-lhe na alma, que, enfim, ressurgira, um poema de inefáveis venturas. Houve um momento em que lhe lembraram as mesmas alegrias da véspera do seu primeiro casamento, e estremeceu; mas a impressão durou pouco; o segundo marido não era, como o primeiro, uma criatura sem alma, era, sim, uma alma sem ação. Mas o amor não começava já a reanimá-la?

Mais quarenta e oito horas, e eles uniriam para sempre os seus destinos. Esse ato decisivo e grave da vida do homem, já o médico o encarava com a tranquilidade de ânimo resoluto, sem tropeçar na responsabilidade, nem arrecear-se das consequências. Antolhava-se-lhe o lar doméstico como a cidade da paz e da concórdia. Não via às portas dela o lívido espectro da dúvida; flores e folhas verdes, não mortíferas, senão vivificantes, pareciam alcatifar-lhe o caminho e convidá-lo a descansar enfim da vida que tão mal vivera.

Lívia saboreava esse renascimento do amante. Estavam sós e iam dar o penúltimo beijo de despedida. O último seria o da noite seguinte. As mãos dela pousavam nos ombros de Félix, e os olhos de ambos procuravam fundir as duas almas no mesmo raio de luz.

O céu não dava razão aos receios de Viana; tinham-se dissipado as nuvens que anunciavam próxima borrasca. Não havia luar, mas a noite estava clara; e as vivíssimas estrelas que luziam no céu, algum poeta imaginoso as compararia a línguas de fogo daquele pentecostes de amor.

— Jura-me ainda uma vez que me amas! — dizia ele. — É doce à minha alma ouvir-te essa confissão!

— Pelo céu, por meu filho, por ti, juro que te amarei sempre! Amava-te ainda quando eras indiferente ao meu afeto, quando o negavas, quando me pagavas com o desdém. Por que te não amaria agora que és todo meu... todo, não?

— Duvidas?

— Eu não sei duvidar; recear, sim. Já te disse por que razão. Mas hoje não receio, não; sinto que sou verdadeiramente amada. Quaisquer que fossem as minhas queixas, eu tudo te perdoaria agora, que me abres a porta do Céu.

— Oh! Tu és um anjo!

— Adeus!

— Adeus! Amas-me muito, não?

— Muito!

E um beijo casto, longo, quase divino, selou esta confissão tantas vezes repetida entre eles. Depois apertaram as mãos e Félix saiu.

A rua estava deserta, o silêncio era profundo. Félix entrou em casa exaltado e alegre. Não tinha sono; recorreu aos livros, mas não lhe aproveitou o recurso, porque se os olhos corriam no papel, o espírito estava ausente, no tempo e no espaço: buscava a amada e planeava futuros.

Com a fadiga veio o sono. Félix adormeceu nos braços dos anjos.

Batiam oito horas quando ele acordou e abriu as janelas. O dia estava triste. Caía uma chuva fina e constante, que havia começado pouco antes dos primeiros albores da manhã. Que lhe importava a ele a melancolia da natureza, se tinha dentro da alma uma fonte de inefáveis alegrias?

Assentou-se à escrivaninha, e durante duas horas fez o inventário da sua vida de solteiro, rasgando com indiferença uma imensidade de cartas que lhe lembravam afeições extintas ou simples relações passageiras. Varria o templo em que devia entrar a escolhida de seu coração. Quando relia algumas dessas epístolas, — folhas caídas da estação que se fora, — desenhava-se-lhe nos lábios um sorriso irônico, mas tranquilo, tal era a transformação de sua alma já indiferente às lutas do passado.

Às dez horas levantou-se para almoçar. Acabava de sentar-se à mesa quando lhe vieram dizer que uma pessoa o procurava.

Era o Dr. Luís Batista.

Capítulo 20
UMA VOZ MISTERIOSA

Félix estacou à porta da sala. Luís Batista deu dois passos para ele.

— Nunca me ofereceu a sua casa — disse —, e a minha indiscrição vem reparar o seu esquecimento.

Era um gracejo ou um remoque? Félix limitou-se a apertar a mão que o outro lhe estendia e convidou-o a sentar-se.

— Disseram-me que estava almoçando — observou Batista; — não quero de nenhum modo interrompê-lo. Vá, e eu ficarei aqui folheando algum livro.

— Ia começar a almoçar — respondeu o médico; — se quiser almoçaremos juntos.

— Não; se me consente, visto que ainda está solteiro, irei familiarmente assistir ao seu almoço, e então lhe exporei o motivo que aqui me traz.

Félix convidou-o a entrar e ambos se sentaram à mesa. As primeiras frases trocadas foram acanhadas e frias, mas as maneiras livres do hóspede conseguiram abalar a reserva do dono da casa.

— É verdade — disse Batista —, ouvi dizer que ia casar...

— Amanhã.

— Assisto portanto ao seu penúltimo almoço de rapaz solteiro. Há muita gente que ainda não acredita. Creio que o senhor tinha fama de celibatário convencido, e pela regra, um celibatário convencido é um noivo à mão. Também eu era assim; e contudo... O casamento é bom; tem seus inconvenientes, como tudo neste mundo; mas é bom, com a condição única de o aceitarmos como ele deve ser...

— Um pouco livre? — disse Félix sorrindo.

— Não sei se pouco ou muito, é questão de temperamento. O essencial é que seja livre. Eu assim o entendo e pratico; sou um pecador miserável, confesso, mas tenho ao menos o mérito de não ser hipócrita, e agora mesmo...

— Agora mesmo? — repetiu Félix, depois de alguns instantes de silêncio.

— Não sei se deva contar-lhe isto; o senhor é ainda neófito, vai naturalmente aborrecer-me e amaldiçoar-me... Mas, em suma, é indispensável que eu lhe diga tudo, porque isso prende com o motivo que me traz à sua casa.

Batista aceitou uma xícara de café que o médico lhe ofereceu. Depois, com um modo acintemente leviano, referiu ao dono da casa uma aventura amorosa daqueles últimos dias. Tratava-se de uma mulher caprichosa e requestada. Seu triunfo era portanto duas vezes glorioso. Como beleza, desafiava ao próprio médico a resistir-lhe depois de meia hora de contemplação. Achar-se-iam, talvez, outras mulheres mais formosas; nenhuma, porém, tinha como essa o misterioso encanto que sabe agrilhoar a vontade mais rebelde.

— Quando ela me fita os seus grandes olhos — continuou pinturescamente Luís Batista — , é o mesmo que se me entornasse chumbo derretido nas veias.

Todo o estilo da sua descrição era assim, — galhofeiro e sensual. Falou durante vinte minutos com o entusiasmo próprio da sua situação. Félix ouvia pacientemente a narração do hóspede, sem atinar com a relação que teria aquilo com o pedido que lhe ia fazer. Interiormente estava aborrecido. Não fora o médico em sua longa vida de rapaz solteiro nem casto nem cauto; mas a atmosfera do noivado começava a arejar-lhe o espírito, e semelhante confidência, naquela ocasião, lhe parecia de todo ponto extravagante.

— Não desconheço — disse Luís Batista quando concluiu a sua expansão amorosa —, não desconheço que uma aventura destas, em véspera de noivado, produz igual efeito ao de uma ária de Offenbach no meio de uma melodia de Weber. Mas, meu caro amigo, é lei da natureza humana que cada um trate do que lhe dá mais gosto. A vida é uma ópera bufa com intervalos de música séria. O senhor está num intervalo; delicie-se com o seu Weber até que se levante o pano para recomeçar o seu Offenbach. Estou certo de que virá cancanear comigo, e afirmo-lhe que achará bom parceiro.

Dizendo isto, Luís Batista engoliu o resto, já frio, do café que tinha na xícara, acendeu de novo o charuto e recostou-se na cadeira. Félix teve tempo de reassumir a atitude tranquila que as últimas palavras de Batista lhe haviam alterado.

— Enfim — disse ele —, que ligação há entre essa aventura e o pedido que me vai fazer?

— Toda — respondeu Batista; — se ela não existisse, eu não viria pedir-lhe nenhum favor. O senhor sabe o que é um capricho de mulher amante; não ignora também que o menor desejo dela é uma ordem para o cavalheiro seu escolhido.

Félix fez um gesto afirmativo.

— Pois bem — continuou Batista. — Estamos nesse caso. Ela é extremamente caprichosa, e mais ainda que caprichosa, é amante de coisas d'arte. Há dias fui achá-la aborrecida. Interroguei-a; nada me quis dizer. Pela conversa adiante falou-me duas ou três vezes numa gravura que vira na Rua do Ouvidor, e que o dono vendera quando ela lá voltou, disposta a comprá-la. O assunto era o mais ortodoxo possível: a israelita Betsabé no banho e o rei Davi a espreitá-la do seu eirado. Não lhe parece galante? A gravura creio que era finíssima; mas tinha, além disso, um merecimento para a pessoa de quem lhe falo: é que a figura de Betsabé era a cópia exata das suas feições. Vaidade de moça bonita. Mostrava-se tão desconsolada quando falava naquilo que facilmente percebi não ser outro o motivo do aborrecimento em que a fui encontrar.

— E então?

— Fiz o que faria qualquer outro. Era necessário que a todo o transe ela possuísse um exemplar da gravura. Fui procurá-lo, e não achei. Gastei dois longos dias nessas pesquisas, e quando voltei à casa dela não tive remédio senão tirar-lhe a última esperança. Ela apertou-me afetuosamente as mãos, e agradeceu-me o trabalho, dizendo-me que era mais uma prova de amor que lhe dava; concluiu, porém, tudo isso com um suspiro. Eu não me atrevo a dizer ao senhor o que quer dizer um suspiro neste caso; aquele suspiro era uma insistência do desejo.

— Parece que sim — disse Félix, que já adivinhara o final da exposição.

— Dir-me-á o senhor — continuou Batista —, que eu devia aproveitar o paquete que partiu ontem e mandar vir da Europa a gravura. Não duvidaria fazê-lo, e ela esperaria de boa vontade; mas quem pode afirmar que o meu amor dure até à volta do paquete? Tive então uma ideia salvadora.

—Ah!

— Voltei à loja onde ela vira a gravura e inquiri do dono da casa quem lhe havia comprado. Depois de algum trabalho de memória, disse-me que fora o senhor. A princípio hesitei se devia importuná-lo. O pedido não seria indiscreto em qualquer outra ocasião; mas, quando o senhor está para tomar um estado moral, rogar-lhe que me ajude a enxugar as lágrimas de uma bela pecadora, é mais que indiscrição, é atrevimento. Hesitei, a voz da razão era mais fraca que a do pecado, e venceu o pecado.

Luís Batista calou-se, esperando a resposta do médico. Houve um largo silêncio. Levantaram-se da mesa e foram para a sala, sem que Félix desse a resposta. Luís Batista foi o primeiro que tornou ao assunto.

— Não me pode fazer o que lhe peço? — disse ele.

— Tenho estado a perguntar a mim mesmo se me é lícito fazê-lo — respondeu Félix sorrindo —, e se ao entrar nas fileiras do matrimônio devo ajudar a deserção de um camarada.

Luís Batista estava naquele dia singularmente falador. A simples observação do médico deu azo a um largo discurso a respeito do regímen matrimonial. Era meio-dia. Félix estava já fatigado da visita e da palestra. Aproveitou um interstício para dizer:

— Em suma, tem grande desejo de possuir a gravura?

— Queria que me cedesse.

— Faço-lhe presente dela.

— Eu não desejava de nenhum modo prejudicá-lo — disse Batista; — há de consentir então que eu lhe faça um presente de noivado.

Félix não respondeu; foi buscar a disputada gravura e trouxe-a. Luís Batista não pôde reter um grito de surpresa. A figura de Betsabé, dizia ele, parecia realmente uma cópia da sua dama. A dama era talvez mais formosa do que a cópia.

Foi nesse momento que trouxeram ao médico uma carta, entregue pelo correio. Félix abriu-a distraidamente, mas tanto que lhe leu o conteúdo, ficou muito pálido e encostou-se a uma cadeira. Com a mão trêmula aproximou o papel dos olhos, enquanto os dentes mordiam os lábios até deitar sangue. Luís Batista aproximou-se rapidamente de Félix e perguntou-lhe o que tinha.

— Nada — disse o médico —, uma vertigem apenas... Há de dar-me licença, preciso estar só.

O hóspede curvou-se, sorriu e saiu.

Félix encerrou-se no seu quarto. Do que lá se passou ninguém de casa soube: algum rumor se ouvia de quando em quando, mas abafado, e uma ou outra exclamação vaga e solta. Eram quatro horas quando o médico saiu à sala.

O tempo tinha melhorado. O sol reaparecera entre duas nuvens, dando de chapa nas árvores molhadas de chuva e nos telhados que escorriam um resto de água. Dissera-se que a natureza queria fazer outro contraste ao inverso do da manhã, porque, se a tarde sorria alegre, o homem dava sinais de tempestade interior. Tinha os olhos vermelhos, a boca contraída, os cabelos em desordem. Saiu com passo vacilante. De quando em quando, colhia o alento com a expressão de quem lhe custa respirar. Um escravo, a quem ele deu algumas ordem, reparou no estado do senhor e perguntou-lhe se estava doente. Félix respondeu secamente que não. O escravo abanou a cabeça e saiu.

Félix escreveu em seguida uma carta que sobrescritou para a viúva. Vestiu-se depois. Não tardou que lhe parasse um carro à porta. Meteu-se nele e mandou tocar para a cidade.

Capítulo 21
ÚLTIMO GOLPE

Era já sobre tarde quando a carta chegou às mãos da viúva. Viana descera à chácara, enquanto a irmã dividia a atenção entre os gracejos do filho e o seu próprio pensamento. O menino enchia toda a sala com a sua pessoa; as travessuras dele não eram enfadonhas. Lívia não o contemplava só com os olhos de mãe; via nele como que o elo de ouro entre uma quimera desfeita e uma quimera realizada. Tais eram as suas reflexões quando a mucama lhe veio trazer a carta de Félix. Entregou-a e saiu.

Lívia estremeceu; a letra do sobrescrito revelava o estado febril da mão que o escrevera. Abriu rapidamente a carta e leu-a.

Quando Luís, numa das suas voltas, se chegou à mãe, achou-a com os olhos cravados no chão, trêmula e pálida. Chamou por ela inutilmente. Agarrou-lhe as mãos e a moça pareceu acordar de um letargo.

— Que tem, mamãe? — perguntou o menino, afagando-a com voz lacrimosa.

Lívia não respondera a princípio. A voz da criança chamou-a enfim à realidade. Olhou vagamente à roda da sala, e como se a pouco e pouco lhe voltasse a consciência, dirigiu lentamente os olhos à carta fatal. Tinha-a ainda entre as mãos. Releu-a com ansiedade, levantou-se arrebatadamente, deu alguns passos e de novo se deixou cair na cadeira. O menino correu à porta assustado. O tio entrava nesse momento.

— Que é? — disse Viana, vendo o ar assustado do menino, e as feições decompostas da irmã.

Lívia entregou-lhe a carta.

A carta dizia assim:

"Lívia

O que vou fazer é indigno, bem o sei; mas é ainda mais cruel do que indigno. O nosso casamento é fatalmente impossível. Não tens nenhuma culpa direta nem indireta naminharesolução. Esta carta, que me condena, será a tua cabal defesa. Adeus

Félix."

Quando Viana acabou de ler este estranho e misterioso documento, ficou tão pálido como a irmã. Não compreendia nada do que se passava; indignava-o, todavia, o procedimento de Félix. Sufocou a cólera a ver se evitava a explosão da viúva. Olharam-se ambos silenciosamente alguns instantes; o menino tinha-se aproximado e segurava uma das mãos da mãe, olhando para o tio como se esperasse dele alguma explicação.

— Recusa — disse enfim Viana —, e nenhuma explicação nos dá do seu procedimento. O ato é tão indigno que não te deve mortificar; quando um homem dá este triste documento da sua lealdade, penso que a mulher que o ama pode dar graças a Deus de o não ter acompanhado até o altar. Espero que penses como eu...

Viana não pôde acabar. As lágrimas, tanto tempo sustidas, romperam enfim dos olhos da viúva, impetuosas e amargas. A dor, de tão concentrada que fora a princípio, fez-se violenta e explosiva; mas o organismo estava tão abalado por tantas comoções, que a infeliz moça perdeu os sentidos.

Quando ela voltou a si era noite; achou-se no seu próprio leito, tendo ao pé de si o irmão e um médico.

O médico falou-lhe e ela respondeu sem saber o que dizia nem o que ouvia. A febre era intensa, mas o médico esperava que no dia seguinte cedesse à energia do remédio que lhe ia aplicar.

Viana ficou só com a irmã, e procurou distraí-la do sucesso da tarde, tarefa inútil, porque a viúva não pensava nele; o olhar vago indicava que ainda se não havia feito luz no seu espírito. Às vezes contraía os sobrolhos e fitava o olhar no espaço como se estivesse a recordar-se. Numa dessas vezes volveu os olhos pelo quarto parecendo procurar alguém. A ausência de Félix de todo lhe alumiou o espírito.

Deu um grito abafado e desatou a chorar.

Acorreu o irmão, com palavras de brandura e conselho, dizendo-lhe que nem tudo estava perdido, e que era possível remediar o mal. Lívia não prestava fé a essas vãs consolações; estava entregue ao seu desespero. Abafada com soluços, lavada em lágrimas, soltava gritos de angústia, e convulsivamente se revolvia no leito.

Viana teve medo desse grave estado e mandou chamar o médico. Quando este chegou, já a doente havia sossegado; mas, com as lágrimas, tinha-se ido a razão. O delírio durou toda a noite e parte da manhã seguinte. De tarde a febre declinou um pouco e a doente adormeceu.

Só no dia seguinte, quando o abatimento veio substituir a exaltação, pôde a moça refletir no recente infortúnio. Debalde perguntava a si mesma a causa daquele súbito rompimento do noivo; nada o explicava. Algum mistério haveria, alguma razão aparentemente legítima, porque à viúva nada lhe dizia o coração que fosse contrário à lealdade de Félix.

Contou-lhe o irmão que havia ido à casa do médico, e não o encontrara, nem lá lhe quiseram dizer para onde fora. Agora, depois de maduro exame, pensava em ir pedir-lhe uma explicação do procedimento.

Lívia desaprovou-lhe a resolução.

— Mas — disse Viana —, não podemos ficar assim...

— Podemos — interrompeu a viúva; — enquanto estou doente, a explicação será natural para os outros. Quando me levantar da cama, direi que eu mesma desfiz o casamento. Achaste-me sempre singular; é provável que os outros me vejam com iguais olhos; e tudo se explicará da melhor maneira.

— Mas a explicação dele...

— A explicação dele não é precisa.

Raquel, apenas soube da doença de Lívia, foi passar alguns dias com ela. Naquelas circunstâncias, o encontro de ambas foi profundamente triste. A viúva não lhe confiou logo a causa verdadeira da sua enfermidade, mas durou pouco a reserva, porque a ausência de Félix fez impressão na moça e Lívia julgou melhor dizer-lhe tudo. Era a segunda vez que ambas achavam no seio uma da outra, não a consolação, que não a há para as desilusões recentes, mas o adormecimento momentâneo do coração.

Lívia entrou a convalescer do abalo que lhe dera a fatal carta. Raquel tornara-se enfermeira dedicada e continuou a ser o que sempre fora, amiga afetuosa. A viúva não acreditava na realidade do seu restabelecimento. Em sua opinião, era uma aparência que a realidade desfaria em pouco tempo.

Dez dias depois do rompimento de Félix, apareceu Meneses nas Laranjeiras. Tinha ouvido algumas perguntas relativas ao casamento do médico, que sabia não se ter efetuado, sem que até então transpirasse a causa verdadeira. Soube, porém, da moléstia de Lívia, e a isso atribuiu a demora do casamento.

A moça abafou um suspiro quando o viu entrar. Não era arrependimento; era talvez lástima de si própria, que não pudera aceitar esse coração mais confiante e menos escabroso que o do outro.

Mas se era já impossível uma aliança que a natureza não aconselhara, ainda que o pedira a razão, vinha de molde o amigo a quem confiaria os seus infortúnios. Esse foi o primeiro impulso; o segundo foi, não de orgulho, mas de pudor. O coração teve pejo de ir confessar o seu erro diante daquele mesmo a quem repelira um dia.

Era difícil que semelhante situação se escondesse aos olhos de Meneses. A ausência do noivo era inexplicável; Meneses suspeitou a verdade e Raquel a confirmou. O fim com que a donzela delatou o segredo confiado foi ainda um sacrifício; pediu a intervenção de Meneses para a reconciliação do médico com a viúva.

— Peço-lhe uma coisa difícil — concluiu ela, aludindo pela primeira vez ao amor de Meneses —, mas é uma boa ação.

— É uma boa ação, e não é difícil — replicou Meneses, olhando para ela fixamente.

Raquel abaixou severamente os olhos. Um espectador atento concluiria, talvez, que a ferida dele não estava longe de cicatrizar, mas que, pelo contrário, a dela continuava a deitar sangue.

Meneses dispôs-se a tentar alguma coisa. Reconhecia que o procedimento de Félix era misterioso; mas não desesperou de lhe descobrir a causa e confiava em que poderia removê-la. Conseguiu saber que o médico se refugiara na Tijuca. Quando estava pronto a ir ter com ele, hesitou, refletiu e recuou da primeira resolução.

Foi preciso que uma nova crise o empuxasse para lá. A viúva recaíra enferma, não tendo podido resistir às longas vigílias e mal dormidas noites. A moléstia desta vez trouxe um caráter menos violento que da primeira vez, mas pertinaz; a febre não era intensa, era constante. O médico assistente não achou que houvesse perigo; recomendou o mais desvelado tratamento, e repouso absoluto de espírito.

Meneses não hesitou; partiu para a Tijuca.

Capítulo 22
A CARTA

Quando Meneses chegou à Tijuca eram quatro horas da tarde. A casa de Félix ficava afastada do caminho. O portão estava aberto; Meneses atravessou rapidamente o espaço que ia da estrada à casa e bateu. Veio um moleque abrir-lhe a porta. Meneses entrou precipitadamente e perguntou:

— Onde está o senhor?

— Senhor não fala a ninguém — respondeu o moleque com a mão na chave como se o convidasse a sair.

— Há de falar comigo — insistiu resolutamente Meneses.

O tom decidido do rapaz abalou o escravo, cujo espírito, acostumado à obediência, não sabia quase distingui-la do dever. Seguiram ambos por um corredor, chegaram diante de outra porta, e aí o moleque, antes de a abrir, recomendou a Meneses que esperasse fora. Perdida recomendação, porque, apenas o moleque abriu a porta, Meneses entrou afoitamente atrás dele.

Era um gabinete pequeno, com quatro janelas que o enchiam de luz. Perto de uma janela havia uma rede estendida. Sobre a rede via-se um homem negligentemente deitado com um livro nas mãos.

Era Félix.

Félix levantou a cabeça, deu com os olhos em Meneses, e empalideceu. Meneses não dera um passo mais. Ficaram assim alguns segundos a olhar um para o outro. Enfim, o médico disse ao escravo que se retirasse, e os dois ficaram sós.

O silêncio prolongou-se ainda mais. Da parte de Félix era confusão; da parte de Meneses desapontamento. Viera ele em todo o caminho a descrever na imaginação o estado de Félix, acabrunhado por alguma grande dor, e em vez disso achava-o a ler pacificamente um livro. Quis lançar mão do livro, para conhecer bem até que ponto a sua desilusão era completa; mas o médico rapidamente o afastou.

— Não atendeste à ordem geral que eu havia dado — disse enfim o dono da casa —, e creio que só alguma razão poderosa te obrigaria a isso.

— Assim era — retorquiu Meneses —, mas a razão acabou e eu volto para a cidade.

Dizendo isto, pôs o chapéu na cabeça e dirigiu-se para a porta. Parou um instante, caminhou de novo até a rede e proferiu secamente estas palavras:

— Tens consciência do que fizeste?

— Tenho — respondeu Félix; — fiz o que me cumpria fazer. Mas, antes de mais nada, vens aqui por inspiração tua ou por mandado de...

— Venho porque era um dever da minha parte livrar-te da vergonha, e a ela da morte.

— Da morte! — exclamou Félix, levantando-se de um pulo.

O terror que se lhe pintara no rosto fez boa impressão no amigo. Suspeitou este que nem tudo estivesse perdido. Sentaram-se ambos, e Meneses referiu ao médico os acontecimentos que deixo narrados no capítulo anterior. Félix escutou a narração do amigo com um interesse que não podia vir senão do amor. Meneses concluiu pintando-lhe com as cores que o caso pedia a baixeza do seu procedimento, o desaire que recaía sobre a viúva, e o remorso que o havia de acompanhar a ele, ainda quando daquele triste episódio não saísse nenhuma fatal consequência.

Félix mostrou-se profundamente comovido com a narração de Meneses e as reflexões que lhe fizera.

— Tens razão — disse ele quando o amigo acabou de falar; — procedi covardemente. Ela ainda me ama... E perdoa-me, não é? Sim, há de perdoar-me... Pobre Lívia! Se tu soubesses como ela tem sofrido por minha causa!...

Meneses, satisfeito, disse-lhe que era indispensável voltar à cidade. Enquanto falava, porém, o rosto de Félix mudou de expressão. A única resposta do médico foi:

— Não! O que está feito, está feito; agora é impossível recuar.

— Impossível! — gritou Meneses.

— Impossível — repetiu placidamente Félix.

Meneses levantou-se impaciente e começou a passear. A serenidade do médico mais lhe doía do que indignava, porque alguma razão poderosa devia ele ter para cortar tão peremptoriamente toda a tentativa de reconciliação. Quisera sabê-la e tremia de o interrogar.

O médico, entretanto, deixara-se estar sentado, quase tão tranquilo como na ocasião em que Meneses lhe entrara no gabinete.

Não era fingida essa tranquilidade, que durava já de alguns dias, depois de outros, — os primeiros, — que foram de aflitiva tempestade.

O homem não se esconde de si mesmo, e o maior infortúnio dos corações pusilânimes é sentirem que o são. Quando Félix chegou à Tijuca tinha passado a excitação do primeiro momento; o espírito, fraco de si, e abatido pela imensidade do abalo, não achou na solidão o alívio que lhe pedira. Vieram então muitos dias de luta e de febre, em que ele, para fortalecer o ânimo, lia e relia a misteriosa carta que trouxera consigo. O remédio era antes veneno para a sua alma ulcerada; lembrava-lhe a felicidade que perdera.

Era isto o que padecia o coração. A consciência padecia também, porque a sociedade, que ele não vira no primeiro instante, agora lhe aparecia como um juiz inflexível, a pedir-lhe contas de uma injúria sem explicação. Às vezes arrependia-se do ato; outras vezes, não se arrependia, mas acusava-se de precipitado e louco. Nunca mais tristemente se revelara a inconsistência do espírito.

Com o tempo a consciência foi calando as vozes, e com o tempo, e a distância, e a sua índole variável, se lhe foi aquietando o coração. Aquele homem, que alguns dias antes chorava de desespero, nenhum vestígio guardara de suas lágrimas. Não se lhe apagara o amor da viúva, mas no lugar da paixão veemente, como que ficara apenas uma recordação remota e suave. Esta mudança era em parte obra do seu esforço, que buscava no esquecimento um refúgio; mas em grande parte era um efeito natural dele.

Tal foi a situação em que o achou Meneses. A presença deste trouxe à memória do médico a última crise do coração. A impressão foi grande, não longa; a face do lago, que uma rajada encrespara, voltou à serenidade primitiva.

Meneses passeava de um lado para outro, a observar de quando em quando o médico. Ao seu espírito repugnava a ideia de que Félix recorresse a um meio extraordinário para sair de uma situação difícil, não sancionada pelo coração. Uma causa havia, decerto, que se lhe afigurava grave, e que ele a todo custo queria conhecer. Seus esforços convergiam para esse ponto.

Instado pelo amigo, Félix aludiu à carta que recebera, mas recusou mostrá-la.

— Há nela um segredo — disse ele —, que me impede de a comunicar a ninguém. Lívia tem jus ao meu respeito e possui ainda o meu amor.

Estas últimas palavras foram ditas com certa comoção. Meneses não perdeu a esperança de o vencer. A sinceridade era a sua eloquência; podia-se dizer que ele falava com o coração nas mãos. O espírito de Félix ia cedendo ao encanto; ele mesmo recordava as horas felizes do passado e as saudosas esperanças do futuro. O coração palpitou-lhe com mais força e a imaginação fez o resto. A carta, porém, a fatal carta, lhe ocupou logo o pensamento, e a fronte descaiu diante do insuperável obstáculo.

Cansado de lutar, Meneses resolveu partir para a cidade.

— Não sei o que pensarão os outros — disse ele; — eu levo a suspeita de que não a amaste nunca, e que esse rompimento estrepitoso foi um meio de salvar a tua liberdade.

Ouvindo estas palavras, Félix não pode conter um gesto de cólera. A atitude quieta de Meneses o fez cair em si.

— Tens razão — disse ele depois de algum tempo. — Quero que pelo menos alguém me reconheça inocente e digno. Dás-me a tua palavra de honra que nada revelarás do que vais ler?

— Dou.

Félix foi buscar a carteira, tirou dela a carta, e entregou-a a Meneses.

Meneses leu o que se segue:

"Mísero moço! És amado como era o *outro*; serás humilhado como *ele*. No fim de alguns meses terás um Cireneu para te ajudar a carregar a cruz, como teve o *outro*, por cuja razão se foi desta para a melhor. Se ainda é tempo, recua!"

A carta não tinha assinatura.

Meneses ficou atônito; mas foi obra de alguns instantes, poucos. Sua índole generosa repelia a ideia de acreditar na revelação que acabava de ler.

— É impossível! — disse ele.

Félix ergueu a cabeça, que apertava entre as mãos, e replicou:

— Essa é a tua convicção; eu quisera que fosse a minha. Mas que testemunho tens tu contra o que aí vês escrito?

— Não sei — respondeu Meneses com calor —, mas é o que me diz o coração. Repugna-me crer que essa pobre senhora... Não, é impossível! Demais, uma carta anônima!

— Põe o nome que quiseres aí embaixo, não lhe aumentas nem lhe tiras o valor, se a revelação é verdadeira.

— Quem te diz que é verdadeira?

— Quem me diz que o não é? A dúvida era já bastante para justificar o que fiz. Não foi só o receio do futuro que me impeliu, foi principalmente a lembrança do passado. A traição dela, se a houve, não deve doer nada ao marido que se foi; mas ao marido que vem, a ideia da perfídia anterior, destrói pela base toda a confiança, que é a condição da felicidade. Não sei o que farias tu no meu caso; eu segui o impulso do coração e da razão.

Meneses ouvira atentamente o amigo. Quando ele acabou:

— Creio-te sincero — disse; — e compreendo que sofreste.

— Muito!

— Mas recusarás uma reflexão? Quem escreveria esta carta? Não foi um amigo, decerto. Um amigo, se lhe pesasse o teu ato, viria falar-te cara a cara. Um indiferente também não foi. Resta, pois, um inimigo, teu ou dela...

— Dela?

— Ou um interessado: escolhe.

Félix refletiu um instante.

— Inimigo, não sei se os tinha; interessado... em quê?

— Ela é rica; algum pretendente...

— Não havia nenhum.

Meneses não fraqueou na defesa da sua hipótese. Quanto mais atentava na revelação da carta, mais o coração lhe bradava contra ela. Para ele a inocência de Lívia era clara como o sol. Félix sentia-lhe a convicção, e lastimava-se de a não ter, tão viva e tão profunda.

A noite caíra de todo. Meneses declarou que só voltaria à cidade no dia seguinte.

Félix compreendeu que o amigo não perdera a esperança de o converter, e longe de se irritar, agradeceu-lhe a intenção. Era a primeira vez que ele se expandia com alguém a respeito do seu amor; fê-lo com abundância e sinceridade. Não lhe lembrara sequer que Meneses também amara a viúva.

Muitas vezes falaram na carta. Meneses perguntou ao médico em que circunstâncias a recebera. Félix referiu a visita de Luís Batista, o objeto dela, a conversa travada entre ambos, até que a carta lhe chegou às mãos.

A singularidade da visita de Luís Batista não escapou a Meneses:

— Visitava-te esse homem? — perguntou ele.

— Nunca.

— Eras amigo dele?

— Havia mais razões para sermos inimigos que outra coisa.

Meneses hesitou; não se atrevia a desposar uma suspeita. Mas o espírito do médico era terreno fecundo para ela. Apenas as perguntas de Meneses lhe deitaram o gérmen, para logo foi lançando raízes e cresceu.

— Crês então que ele?... — aventurou o médico.

— Não sei; mas, não te parece curiosa toda essa história de gravuras?

Félix refletiu algum tempo. Como quando os olhos se vão acostumando à meia-luz de um sítio, e começam a distinguir a pouco e pouco os objetos, o espírito do médico entrou a recordar e a examinar todos os incidentes daquela fatal manhã. O que ele a princípio não vira, apareceu-lhe então claro e evidente. O tom ameno e jovial de Luís Batista, a sua estranha verbosidade, o episódio dos amores tão levemente contados a um homem que não era seu natural confidente, tudo isto com a circunstância da humilhação que recebera quando a viúva lhe fechou a sua sala, enfim a má reputação dele, eram indícios de sobejo para não achar natural a visita que lhe fizera. Mas, como deduzir daqui a autoria da carta?

Meneses resolveu a dúvida naturalmente.

— Se não desses crédito à carta — disse ele —, o último de quem te lembrarias seria Luís Batista, porque ninguém faz mal a um homem no mesmo instante em que lhe vai pedir um favor.

Félix aceitou esta explicação; mas o que acabou de o convencer foi uma circunstância até então deslembrada e agora decisiva. O médico levantou-se rapidamente da cadeira; deu alguns passos na sala e parou em frente de Meneses.

— É verdade — disse; — foi ele com certeza! Quando eu li a carta, fiquei fulminado. Ele aproximou-se de mim; eu pedi-lhe que me deixasse só. Obedeceu, mas um sorriso, que então me pareceu feroz indiferença, mas que hoje vejo que era de triunfo, lhe roçou os lábios. Foi ele; oh! sinto que foi ele.

Entendamo-nos, leitor; eu, que te estou contando esta história, posso afirmar-te que a carta era efetivamente de Luís Batista. A convicção, porém, do médico, — sincera, decerto, — era menos sólida e pausada do que convinha. A alma dele deixava-se ir ao sabor de uma desconfiança nova, que as circunstâncias favoreciam e justificavam.

Quando Meneses viu que o maior trabalho estava feito, não teve mais que falar outra vez de Lívia. A placidez do médico desaparecera; todo ele era agora amor e ódio, arrependimento e vingança. A noite foi mal dormida, e quando a aurora os convidou a sair do leito, Félix era totalmente outro. Ardia por ir fazer aos pés da viúva plena confissão da sua indignidade. Era o nome que lhe dava; dar-lhe-ia outro, se os acontecimentos o fizessem duvidar outra vez.

Apressaram a viagem; Meneses estava alegre com o resultado da missão; lamentou com o médico a fatalidade do caso, mas estava certo de que tudo ia acabar como devia. Mil ideias cor-de-rosa enchiam o cérebro de Félix, e ambos desceram rapidamente na direção da cidade.

Capítulo 23
ADEUS

Apenas chegaram à cidade, Félix despediu-se de Meneses e seguiu para as Laranjeiras. Ia palpitante e receoso; pela primeira vez nesse dia lhe lembrou a doença da viúva. Temeu que fosse tarde. Não era; as janelas estavam abertas. Entrou no jardim; subiu as escadas, cabisbaixo; quando levantou os olhos viu Raquel diante de si.

Raquel, cujo coração era menos filosófico, posto soubesse resignar-se como o de Meneses, não viu o médico sem algum abalo interior. Fê-lo entrar e foi ter com a enferma.

Quando Lívia soube que Félix ali estava, sorriu tristemente e fechou os olhos. Abriu-os para contemplar a boa amiga que esperava ao pé do leito. Não estavam molhados. Cobria-os um véu de serena melancolia.

— Agradece-lhe por mim, Raquel, e dize-lhe que me verá quando eu puder sair daqui.

Félix recebeu o recado e sentiu a frieza dele, apesar da doçura da voz que o transmitia. Era muito contudo; não estaria longe a reconciliação.

A convalescença de Lívia foi mais rápida do que se devera esperar. O intervalo foi aproveitado por Félix em se reconciliar com Viana, que achou dentro de si bastante misericórdia para perdoar o culpado. A submissão do médico o lisonjeou, e o seu arrependimento lhe pareceu o que realmente era, — sincero. Era natural perguntar-lhe a razão do rompimento. Viana achou melhor calar-se; o que ele queria antes de tudo era a reparação do erro.

Lívia consentiu finalmente em receber o médico. Estava na sala, envolvida num roupão branco, com um resto de palidez que a enfermidade lhe deixara no rosto. Nas circunstâncias em que ambos se tornavam a ver não podia ela estar melhor. O ar da moça não era risonho, mas também não era severo. Félix caminhou lentamente para ela, tímido e fascinado ao mesmo tempo. De novo sentia o império que a viúva sempre exercera em seu espírito.

Quando Félix confessou à viúva todo o seu arrependimento e lhe implorou o perdão da culpa que cometera, escutou-o Lívia com grande serenidade, e afetuosa lhe respondeu:

— Não lhe nego o perdão que me pede; seria duvidar do seu arrependimento, e eu creio que é sincero. Podia talvez exigir que me dissesse a causa que o levou...

— A causa é triste de confessar — interrompeu Félix.

— Não lhe peço. Mas quer ouvir o resto?

Félix curvou a cabeça.

— Creio no seu arrependimento, e não duvido do seu amor, apesar de tudo o que se há passado. Isto lhe deve bastar. O destino ou a natureza não nos fez um para o outro. O casamento entre nós seria uma cerimônia apenas. Seria mais; seria o nosso infortúnio, e mais vale sonhar com a felicidade que poderíamos ter do que chorar aquela que houvéssemos perdido.

Félix ouviu as palavras da moça cabisbaixo e abatido. Não ousava responder-lhe, nem interrogá-la; mas do seu mesmo silêncio colhia a moça a sinceridade da dor e do arrependimento.

— Se isto lhe dói — continuou ela —, vê bem que a culpa não é minha. Eu aceito uma situação não criada por mim, nem também pelo senhor, mas, — como eu lhe dizia, — pela natureza ou pelo destino. No ponto a que chegamos é esta a resolução melhor.

— Não é — interrompeu Félix com impetuosidade —, não é a melhor porque ambos perderemos com ela, e nada nos impede a resolução contrária. Creio que não duvide do meu amor; mas digo-lhe que o não compreende, nem avalia. Eu não teria ânimo de lhe propor nas circunstâncias em que nos achamos, um rompimento que...

O sorriso com que a moça o ouvia cortou-lhe a palavra neste ponto. Caiu em si, lembrou-lhe, — que ele facilmente esquecia tudo — lembrou-lhe que lhe não cabia falar de rompimento, e murmurou:

— Não tenho direito de falar assim, e vejo que mereço um castigo...

— Não é castigo — atalhou a viúva —, é necessidade. Se alguma consolação pode levar desta última entrevista, leve a certeza de que o amo como dantes, e de que o meu padecimento será ainda maior do que o seu. O casamento é já agora impossível. Eu não sei o que motivou a sua carta, mas imagino que foi alguma dúvida nova a meu respeito. Se nos casássemos, cessariam elas?

— Sim! Porque eu hoje creio e vejo o que padeceu por mim. Para duvidar do seu amor seria preciso que houvesse perdido a razão. Demais — continuou Félix enquanto Lívia abanava tristemente a cabeça, — viveremos só para nós, fecharemos a nossa casa aos olhos estranhos...

— Ainda assim o irá perseguir esse mau gênio, Félix; seu espírito engendrará nuvens para que o céu não seja limpo de todo. As dúvidas o acompanharão onde quer que nos achemos, porque elas moram eternamente no seu coração. Acredite o que lhe digo; amemo-nos de longe; sejamos um para o outro como um traço luminoso do passado, que atravesse indelével o tempo, e nos doure e aqueça os nevoeiros da velhice.

Lívia proferiu estas últimas palavras com a voz trêmula, e uma lágrima lhe rolou pela face pálida.

— Por que nos separaremos agora que estamos à porta do céu? — perguntou Félix. — Não me cabe o direito de exigir uma felicidade que repeli tantas vezes; mas, se pudesse entrar na minha alma, veria que os meus erros, por maiores que sejam, e são grandes, anima-os sempre um sentimento de amor, e que enfim eu cedo sempre ao grito de minha consciência. A mais bela ação seria perdoar-me esquecendo, e o único modo de esquecer seria voltarmos ao tempo de nossas esperanças.

— Perdoei tudo, e tudo esqueci; apagou-se o passado e nenhum ressentimento me ficou. O que se não apaga é o futuro.

Félix torcia as mãos. Era patente o seu desespero. A viúva mal podia encará-lo. Seguiu-se um longo silêncio, interrompido pela chegada de Luís. O menino pôs termo à entrevista. Félix olhou ainda algum tempo para a moça; mas leu-lhe na fisionomia que a resolução era inabalável. Levantou-se para sair.

— Conservaremos a estima recíproca — disse Lívia estendendo-lhe a mão —, e espero que me conserve também alguma coisa mais... como eu.

Eram as últimas palavras da moça, vieram entre cortadas de soluços. Félix quis pegar-lhe nas mãos e aproveitar esse passageiro desmaio para conseguir a retratação das palavras. Mas a moça abraçou-se ao filho em cujo seio escondeu o rosto.

— Não faça chorar mamãe — disse Luís, enlaçando com os bracinhos o pescoço da viúva.

Félix retirou-se lentamente, com os olhos anuviados, turvo o espírito, o passo vacilante, e transpôs a custo a soleira daquela porta que se lhe ia fechar para sempre.

Capítulo 24
HOJE

Dez anos volveram sobre os acontecimentos deste livro, longos e enfastiados para uns, ligeiros e felizes para outros, que é a lei uniforme desta mofina sociedade humana.

Ligeiros e felizes foram eles para Raquel e Meneses, que eu tenho a honra de apresentar ao leitor, casados, e amantes ainda hoje. A piedade os uniu; a união os fez amados e venturosos.

A pouco e pouco, o primeiro amor de Raquel se foi apagando, e o coração da moça não achou melhor convalescença que desposar o enfermeiro. Se lhe dissessem no tempo em que ela adoecera por amor do médico, levantaria desdenhosamente os ombros, e com razão. Donde se colhe quão acertado é aquele provérbio oriental que diz — que a noite vem pejada do dia seguinte. Qual fosse a aurora que a sua noite trazia no seio não o adivinhara Raquel, mas a sua atual opinião é que não a podia haver mais bela em toda a escala do tempo.

O coronel e D. Matilde, com poucos meses de intervalo, foram continuar na eternidade a doce união que os distinguira neste mundo.

Lívia entra serenamente pelo outono da vida. Não esqueceu até hoje o escolhido de seu coração, e à proporção que volvem os anos, espiritualiza e santifica a memória do passado. Os erros de Félix estão esquecidos; o traço luminoso, de que ela lhe falara na última entrevista, foi só o que lhe ficou.

No tempo em que os mosteiros andavam nos romances, — como refúgio dos heróis, pelo menos, — a viúva acabaria os seus dias no claustro. A solidão da cela seria o remate natural da vida, e como a olhos profanos não seria dado devassar o sagrado recinto, lá a deixaríamos sozinha e quieta, aprendendo a amar a Deus e a esquecer os homens.

Mas o romance é secular, e os heróis que precisam de solidão são obrigados a buscá-la no meio do tumulto. Lívia soube isolar-se na sociedade. Ninguém mais a viu no teatro, na rua, ou em reuniões. Suas visitas são poucas e íntimas. Dos que a conheceram outrora, muitos a esqueceram mais tarde; alguns a desconheceriam agora.

Talvez o tempo lhe respeitasse a beleza, a não ser a catástrofe que lhe enlutou a vida. Já na meiga e serena fisionomia vão apontando sinais de decadência próxima. Os poucos que lhe frequentam a casa não reparam nisso, porque a alma não perdeu o encanto, e é ainda hoje a mesma feiticeira amável de outro tempo. Ela, sim, ela vê que a flor inclina o colo, e que não tarda o vento da noite a dispersá-la no chão. Mas do mesmo modo que a beleza lhe não acordara vaidades, assim a decadência lhe não inspira terror.

Para consolo e companhia de sua velhice tem ela o filho, em cuja educação concentra todos os esforços. Luís possui as graças da mãe, apenas modificadas por uns toques varonis. Tem só quinze anos; mas como herdou a índole austera da viúva, e pouco, muito pouco, da viveza de imaginação, parece menos um adolescente que um homem.

Félix é que não iria parar no claustro. A dolorosa impressão dos acontecimentos a que o leitor assistiu, se profundamente o abateu, rapidamente se lhe apagou. O amor extinguiu-se como lâmpada a que faltou óleo. Era a convivência da moça que lhe nutria a chama. Quando ela desapareceu, a chama exausta expirou.

Não foi só isto. A sagacidade de Lívia adivinhara as provações que lhe daria o casamento. Quando de todo se lhe calou o coração, Félix confessou ingenuamente a si próprio que o desenlace de seus amores, por mais que o mortificasse outrora, foi ainda assim a solução mais razoável. O amor do médico teve dúvidas póstumas. A veracidade da carta que impedira o casamento, com o andar dos anos, não só lhe pareceu possível, mas até provável. Meneses disse-lhe um dia ter a prova cabal de que Luís Batista fora o autor da carta; Félix não recusou o testemunho nem lhe pediu a prova. O que ele interiormente pensava era que, suprimida a vilania de Luís Batista, não estava excluída a verossimilhança do fato, e bastava ela para lhe dar razão.

A vida solitária e austera da viúva não pôde evitar o espírito suspeitoso de Félix. Creu nela a princípio. Algum tempo depois duvidou de que fosse puramente um refúgio; acreditou que seria antes uma dissimulação.

Dispondo de todos os meios que o podiam fazer venturoso, segundo a sociedade, Félix é essencialmente infeliz. A natureza o pôs nessa classe de homens pusilânimes e visionários, a quem cabe a reflexão do poeta: "perdem o bem pelo receio de o buscar". Não se contentando com a felicidade exterior que o rodeia, quer haver essa outra das afeições íntimas, duráveis e consoladoras.

Não a há de alcançar nunca, porque o seu coração, se ressurgiu por alguns dias, esqueceu na sepultura o sentimento da confiança e a memória das ilusões.

COLEÇÃO GRANDES OBRAS

RESSURREIÇÃO

Machado de Assis

VERMELHO MARINHO

Este livro foi impresso em tipologia
Gentium Book Basic, corpo 11/12.